# ARQUITETURA PELAS ESCADAS

Patricia Cardoso

# ARQUITETURA PELAS ESCADAS

POSFÁCIO
**Fernando Serapião**

# SUMÁRIO

O todo pela parte
    *Patricia Cardoso*      9

Legendas das imagens      112

Escadas e rampas por data de projeto      118

Faltam-nos asas?
    *Fernando Serapião*      119

"Ninguém terá deixado de observar que frequentemente o chão se dobra de tal maneira que uma parte sobe em ângulo reto com o plano do chão, e logo a parte seguinte se coloca paralela a esse plano, para dar passagem a uma nova perpendicular, comportamento que se repete em espiral ou em linha quebrada até alturas extremamente variáveis. Abaixando-se e pondo a mão esquerda numa das partes verticais, e a direita na horizontal correspondente, fica-se na posse momentânea de um degrau ou escalão. Cada um desses degraus, formados, como se vê, por dois elementos, situa-se um pouco mais acima e mais adiante do anterior, princípio que dá sentido à escada, já que qualquer outra combinação produziria formas talvez mais bonitas ou pitorescas, mas incapazes de transportar as pessoas do térreo ao primeiro andar..."

INSTRUÇÕES PARA SUBIR UMA ESCADA

Julio Cortázar
*Histórias de cronópios e de famas*,
tradução de Glória Rodríguez,
Rio de Janeiro, Civilização Brasileira, 2004

# O TODO PELA PARTE

Patricia Cardoso

Sempre fui fascinada por escritores que descrevem personagens indiretamente, por meio dos detalhes que os cercam, das coisas que compõem um mundo imaginário e o deixam mais real. Assim vou juntando as peças, formando as personalidades, montando os cenários descritos e entendendo tudo com mais prazer.

Busquei usar tal método neste livro. Gostaria que suas páginas levassem o leitor a esquadrinhar alguns momentos da arquitetura da cidade de São Paulo, que elas fossem um primeiro degrau para a composição das escolas arquitetônicas que dão forma à metrópole.

Mostrando variados estilos das escadas e rampas, tentei indicar o que pensou cada arquiteto em sua época e os avanços projetados por cada um.

Quis destacar com este trabalho peculiaridades de arquiteturas às vezes bastante conhecidas, mas que talvez passem despercebidas por muitas pessoas.

Dessa forma, como arquiteta e fotógrafa que costuma reparar em escadas, esse elemento de destaque na composição de uma foto ou de uma obra arquitetônica, com seus grafismos característicos, almejei salientar o todo pela parte.

Procurei instigar o observador a imaginar o conjunto pela particularidade, e de forma ambiciosa, fazer com que ele compreenda o projeto em sua totalidade.

Da mesma forma que nas histórias contadas nos livros, encontrei relatos surpreendentes sobre as obras aqui fotografadas, e me afeiçoei ainda mais pelas escadas e por este trabalho (fotografar escadas) que tento fazer com esmero no meu dia a dia profissional.

Tenho certeza que as histórias que escutei sobre cada uma das escadas e rampas escolhidas acabaram influenciando, mesmo que inconscientemente, no foco e no ângulo das imagens registradas.

E quem sabe, essas imagens possam conduzir muitos a novas ideias, sejam arquitetônicas ou fotográficas.

E que essas ideias possam compensar eventuais lacunas deixadas por este livro, que dificilmente poderia preencher todos os espaços de uma arquitetura tão singular e também diversa como é a de São Paulo.

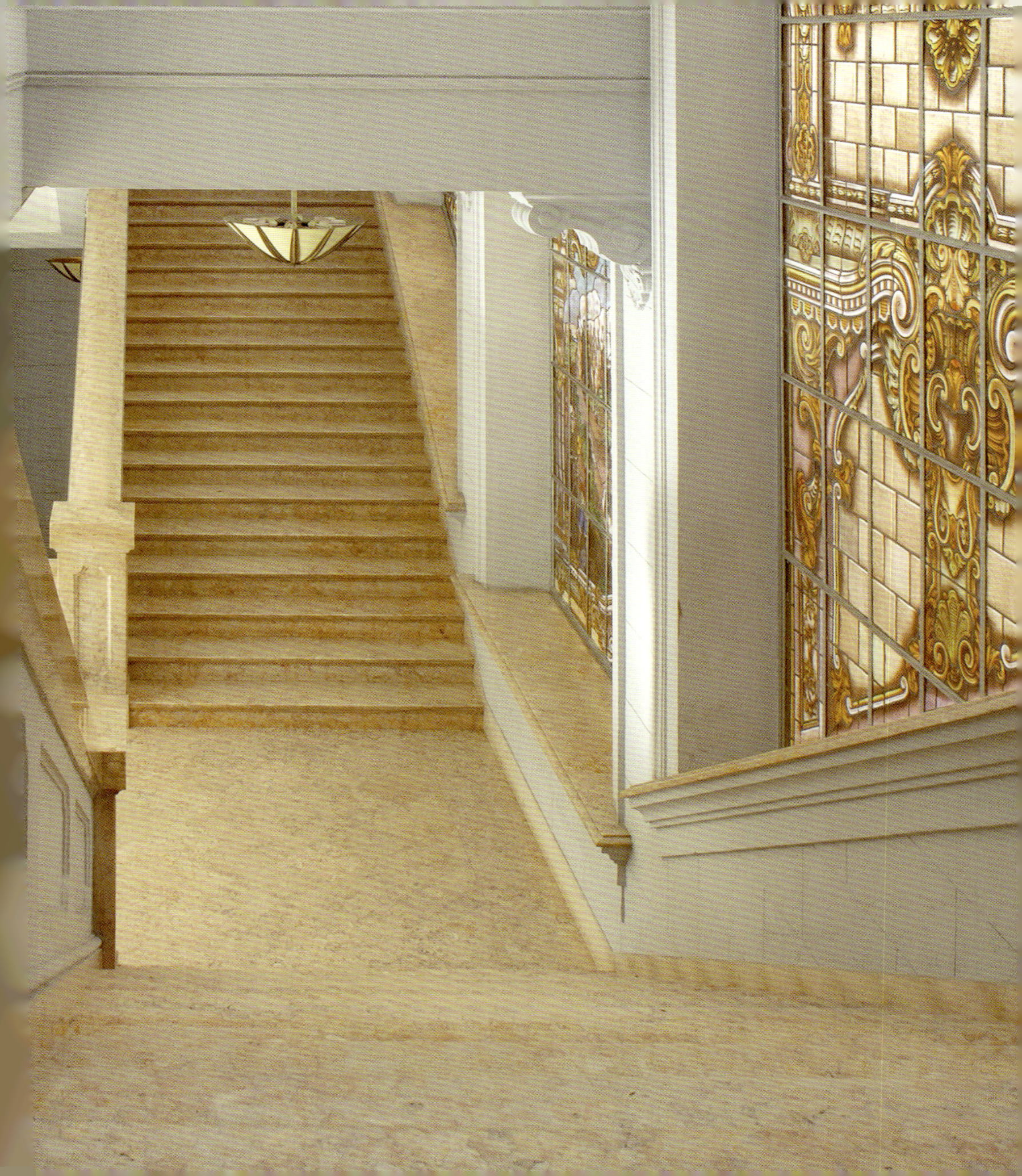

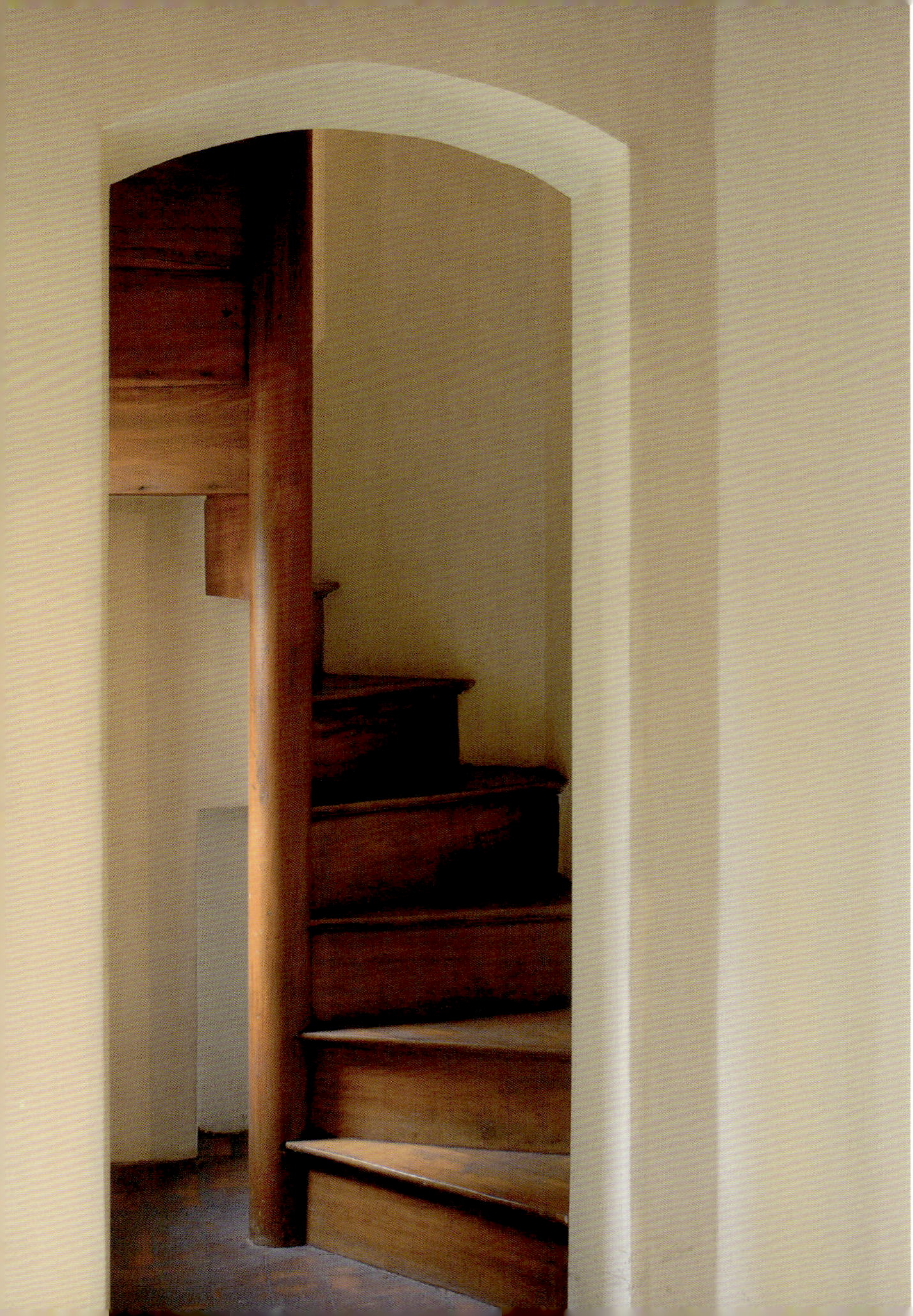

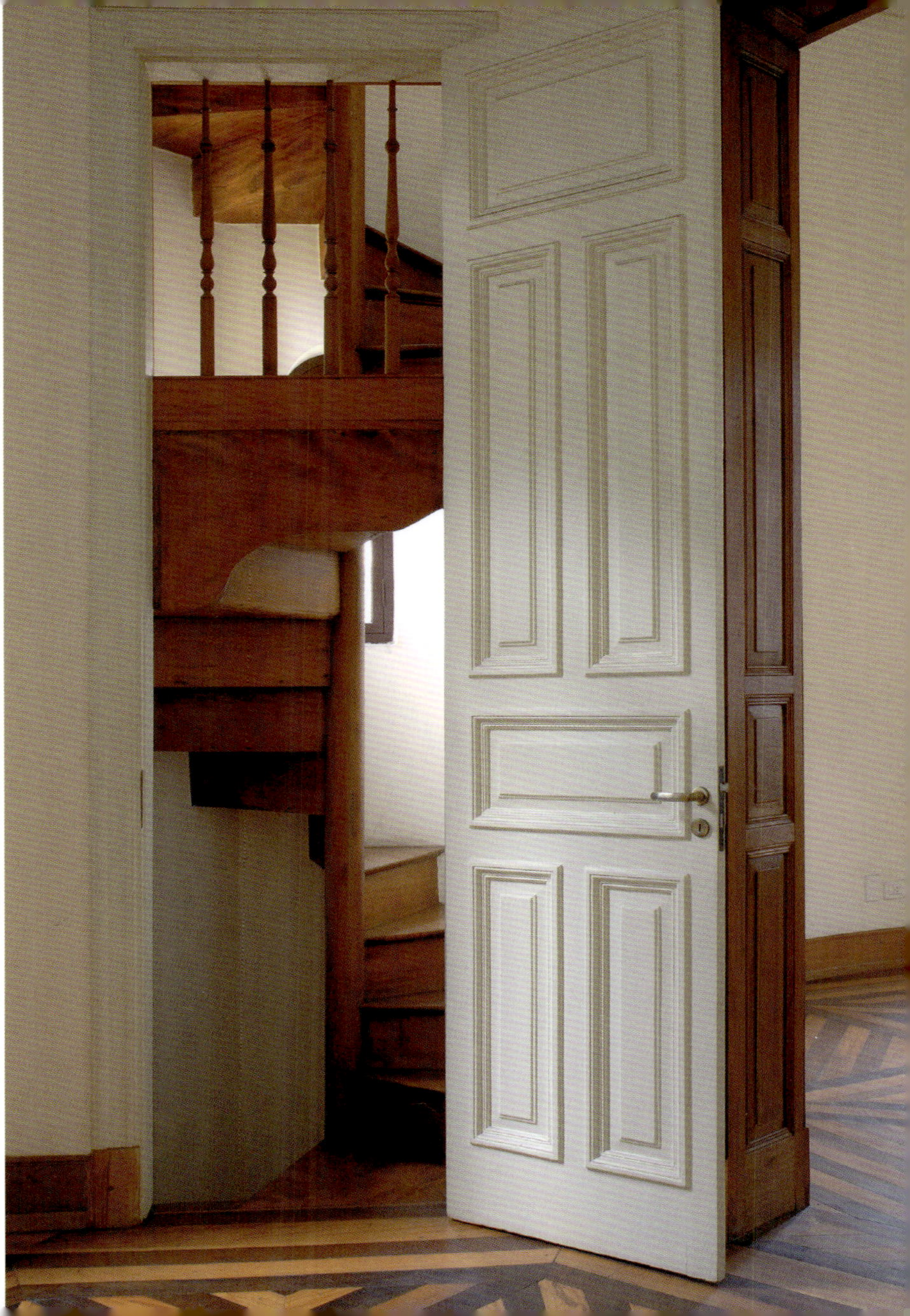

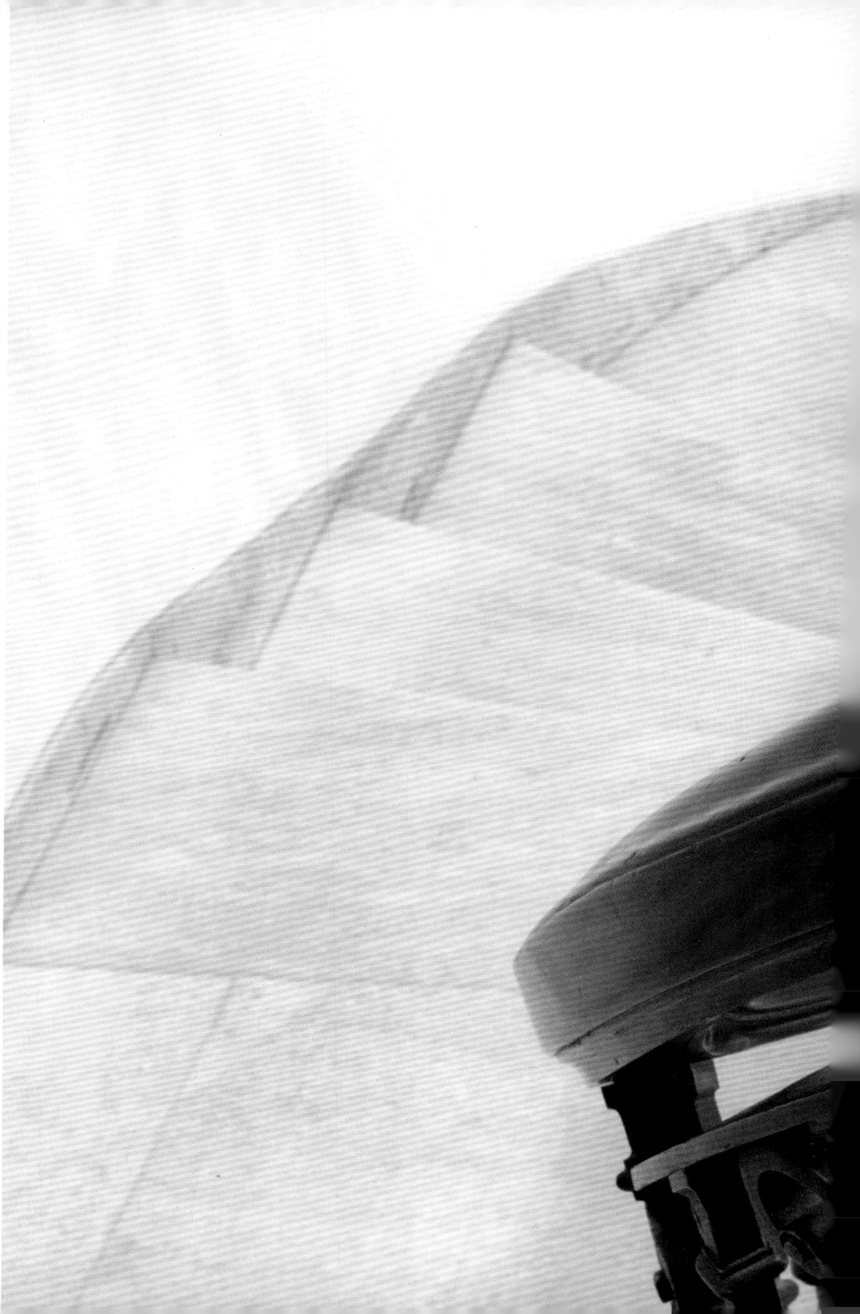

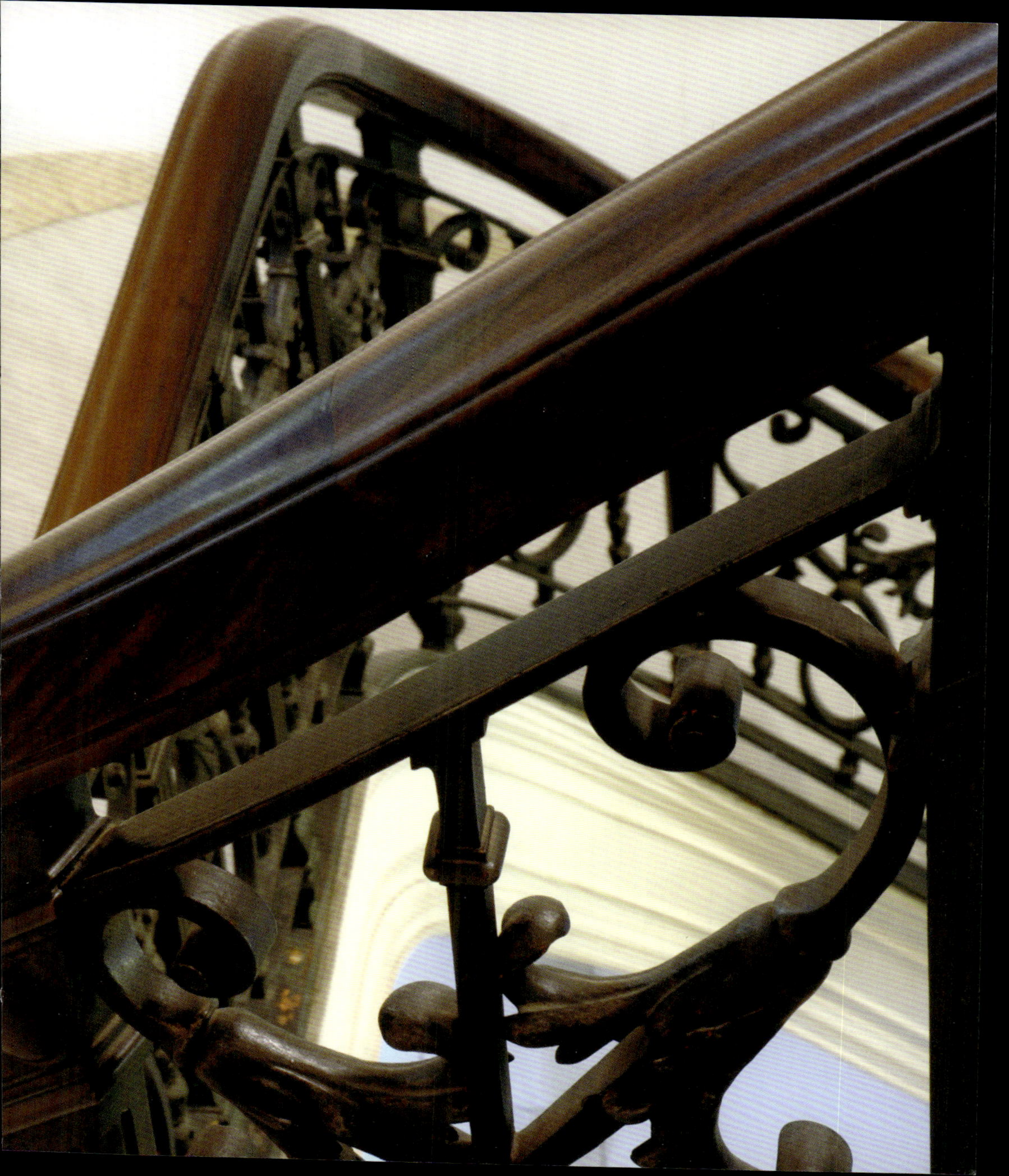

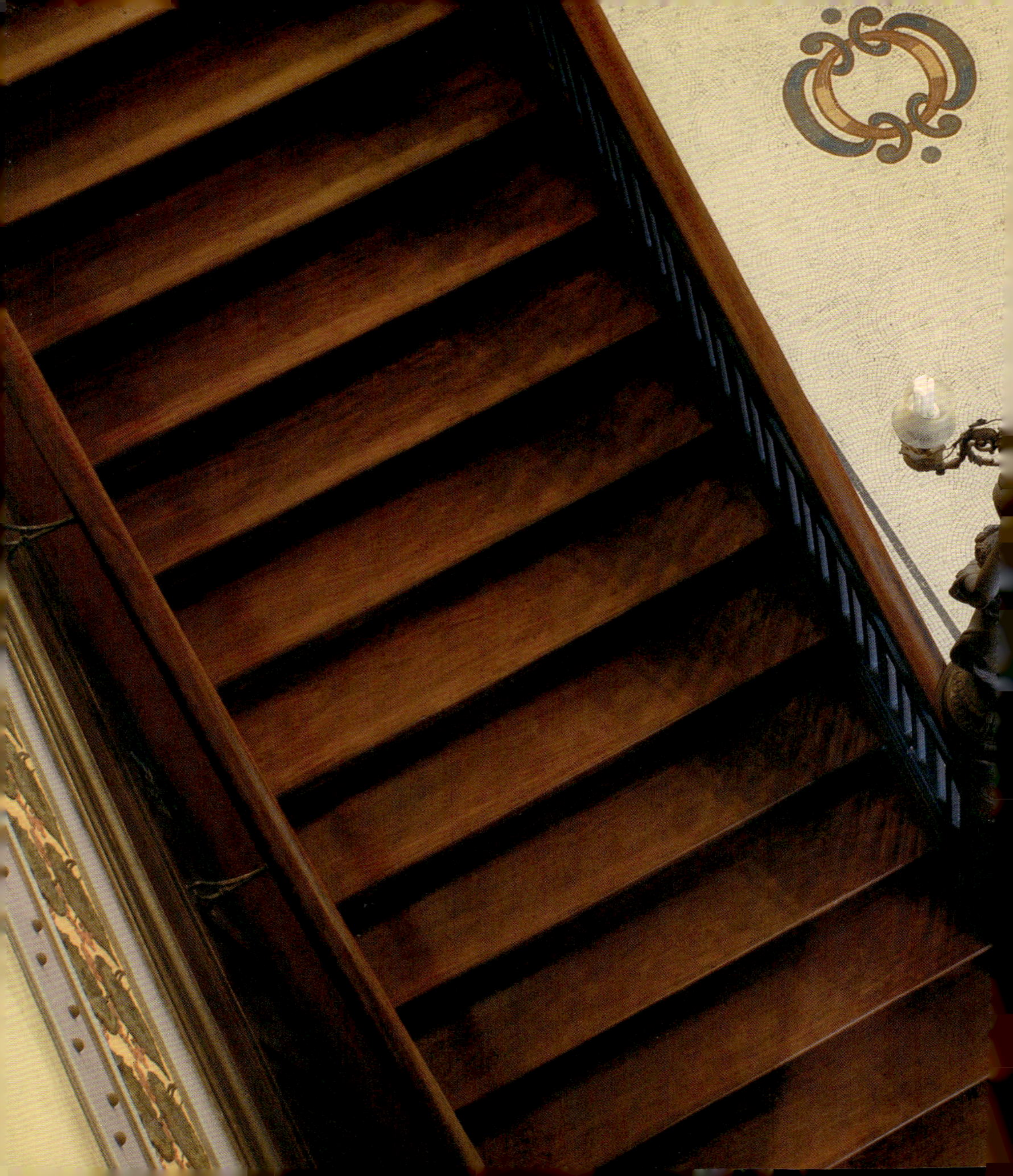

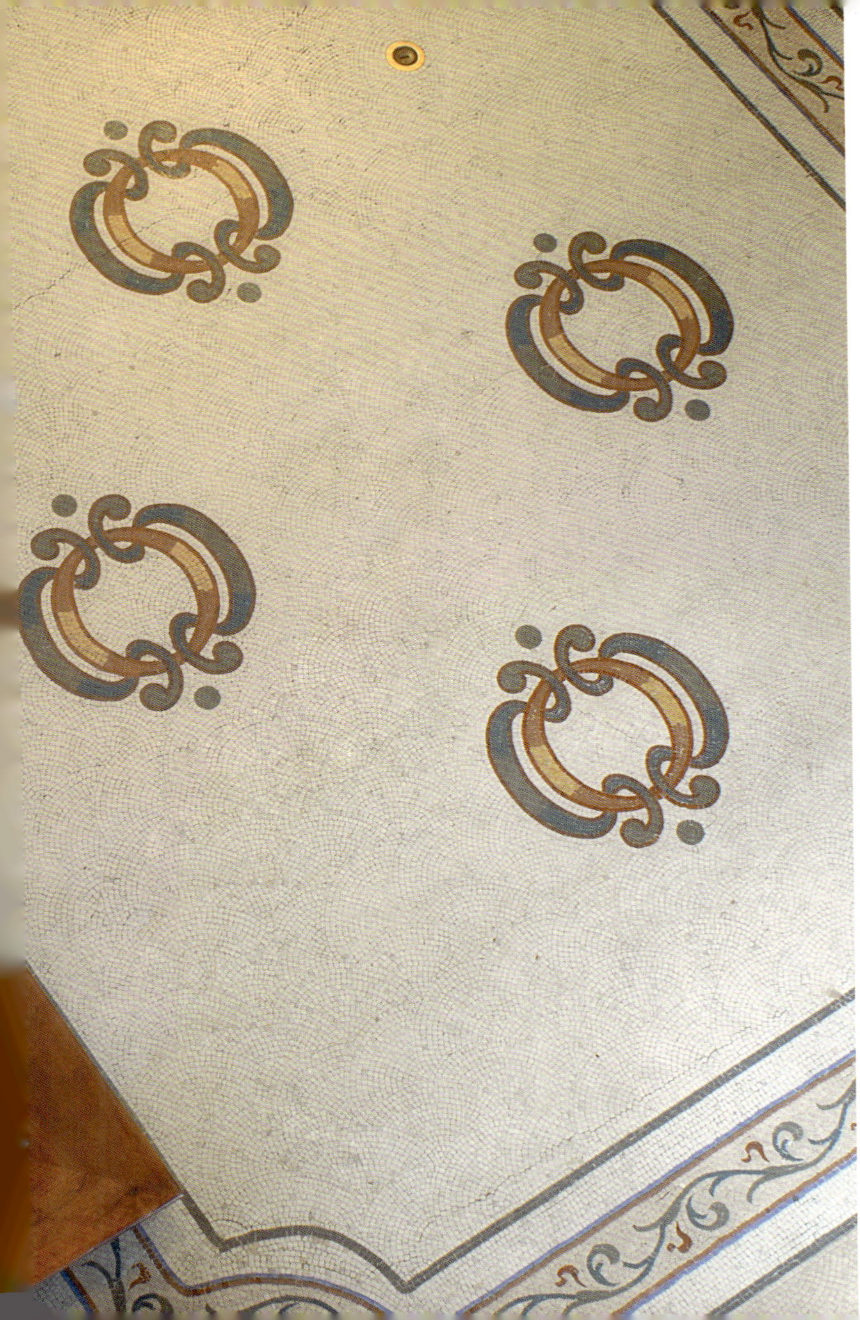

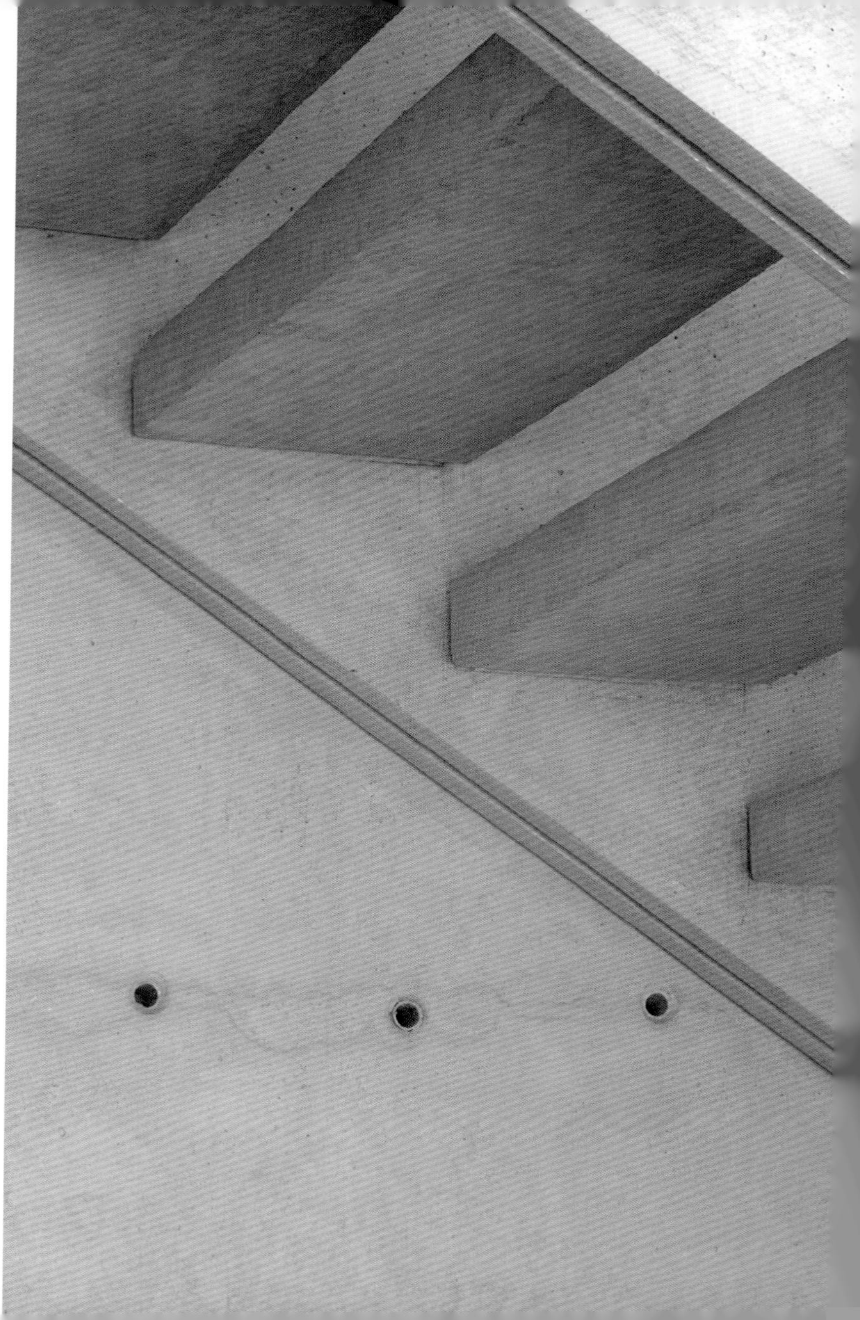

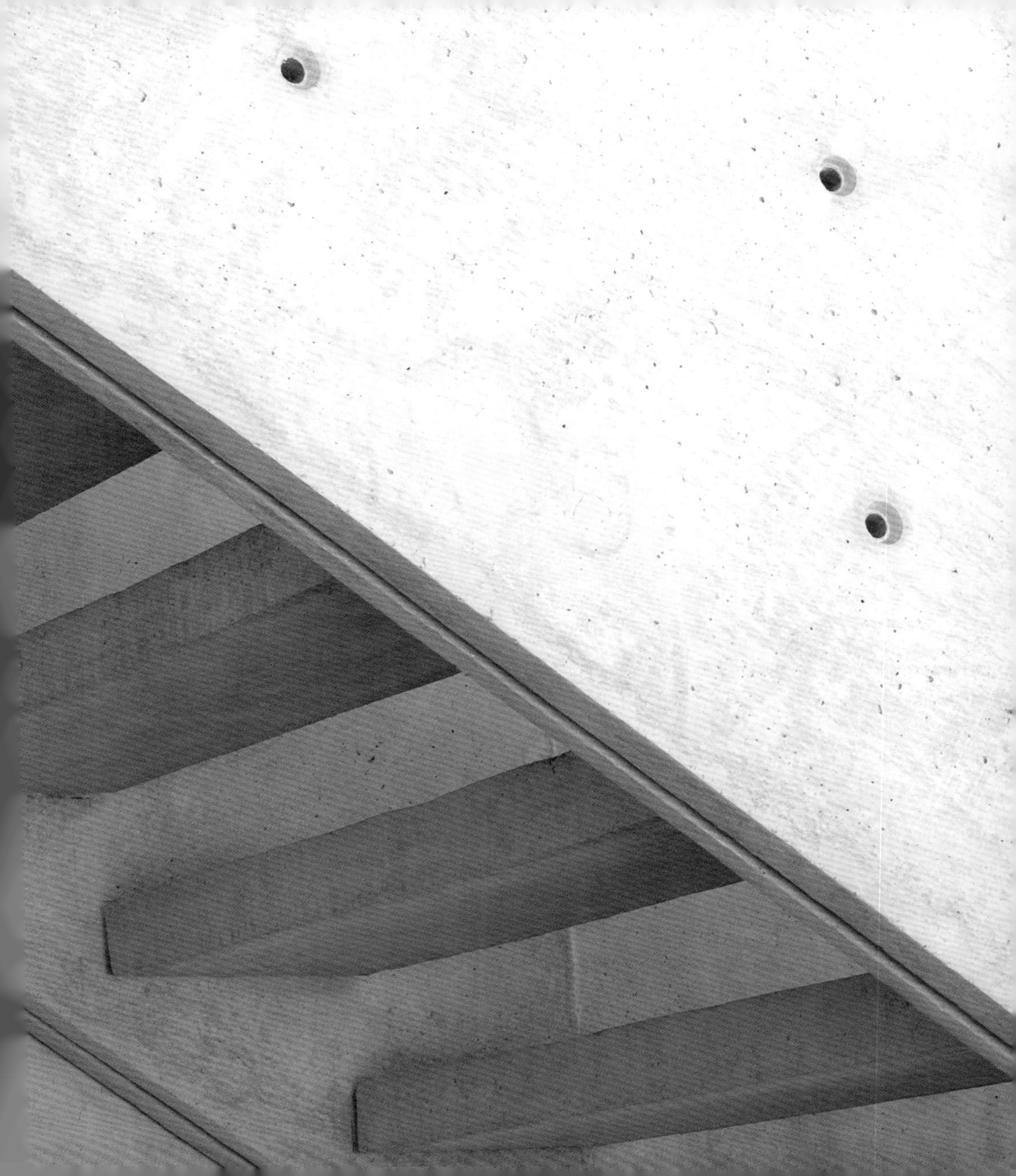

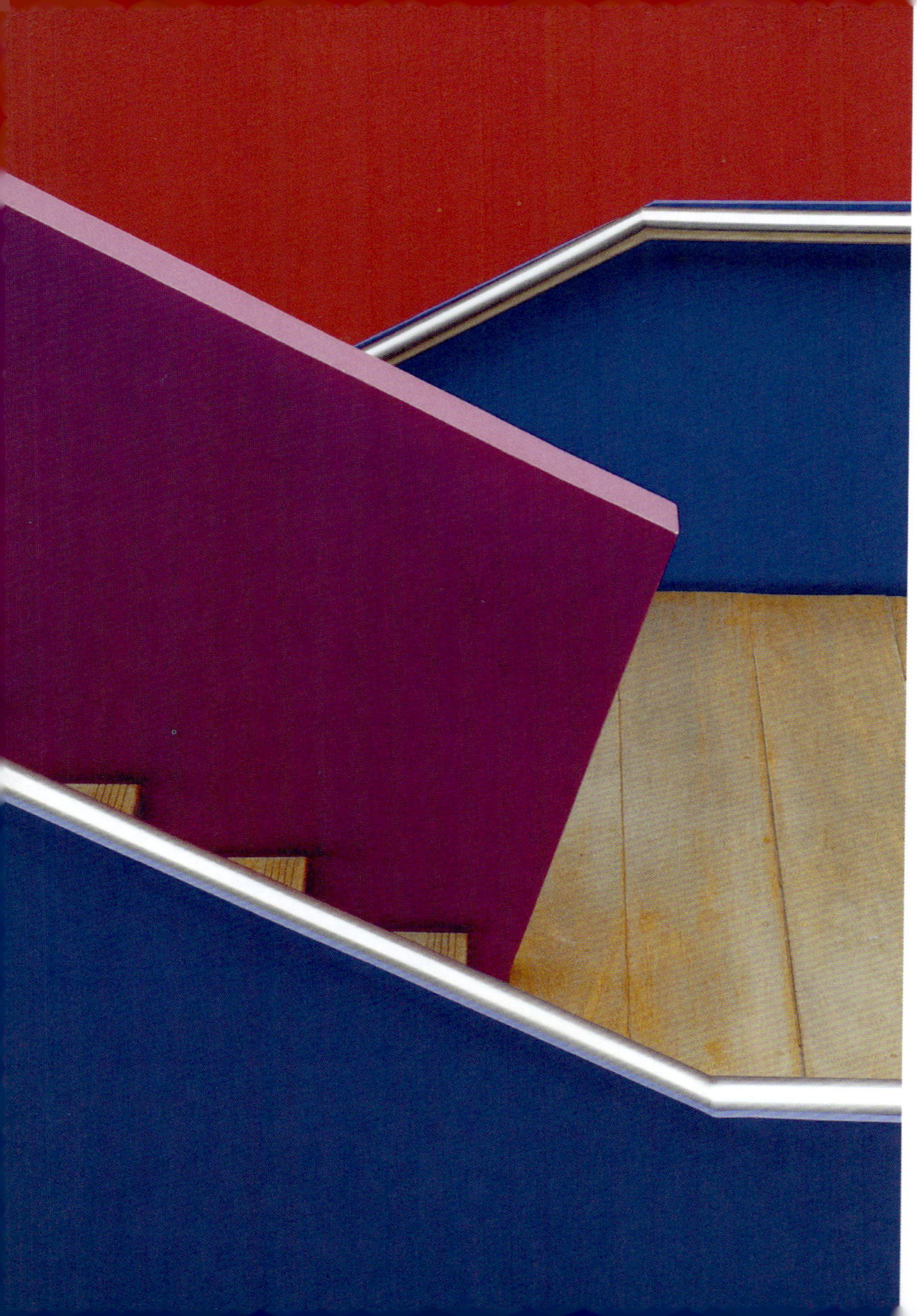

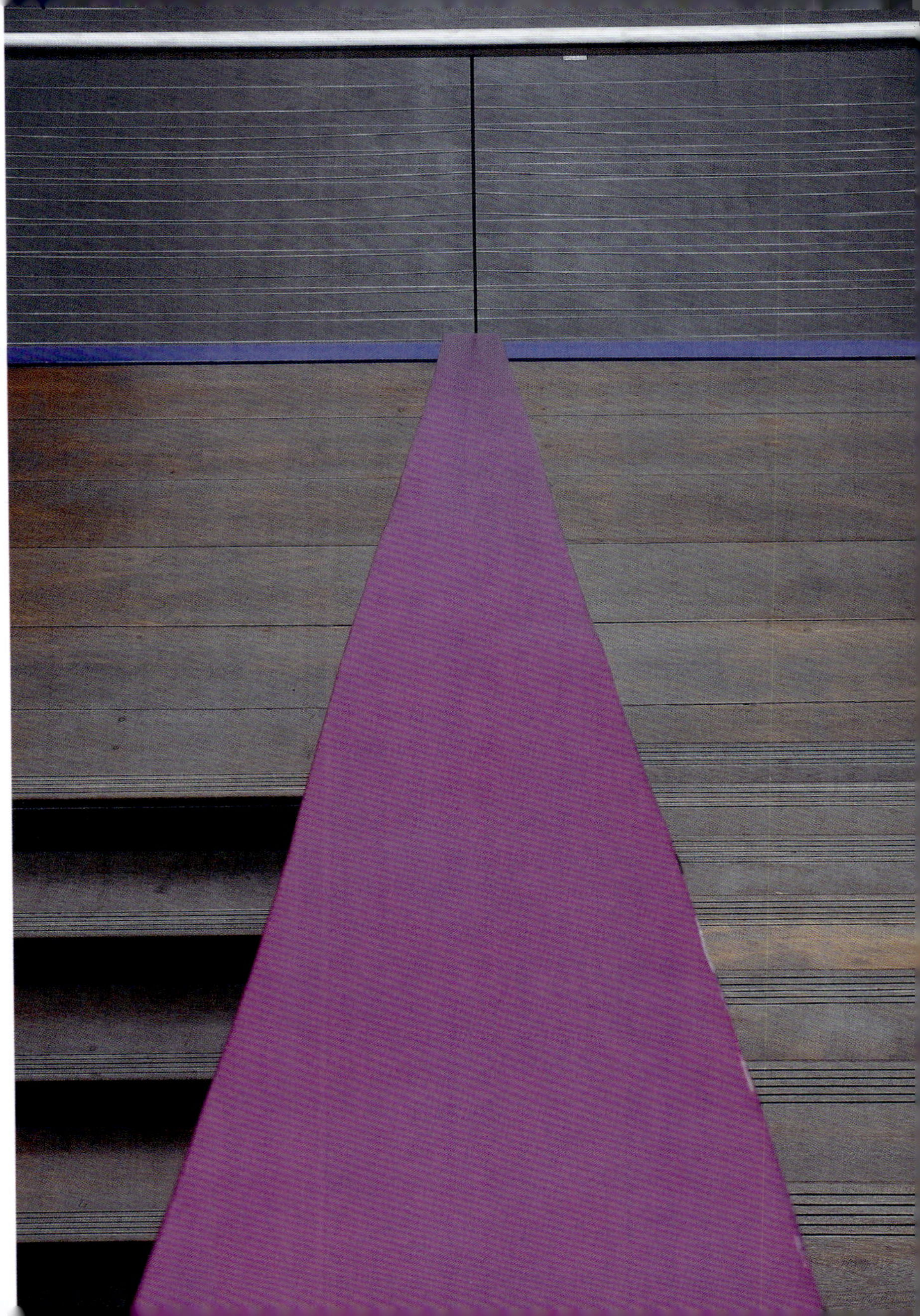

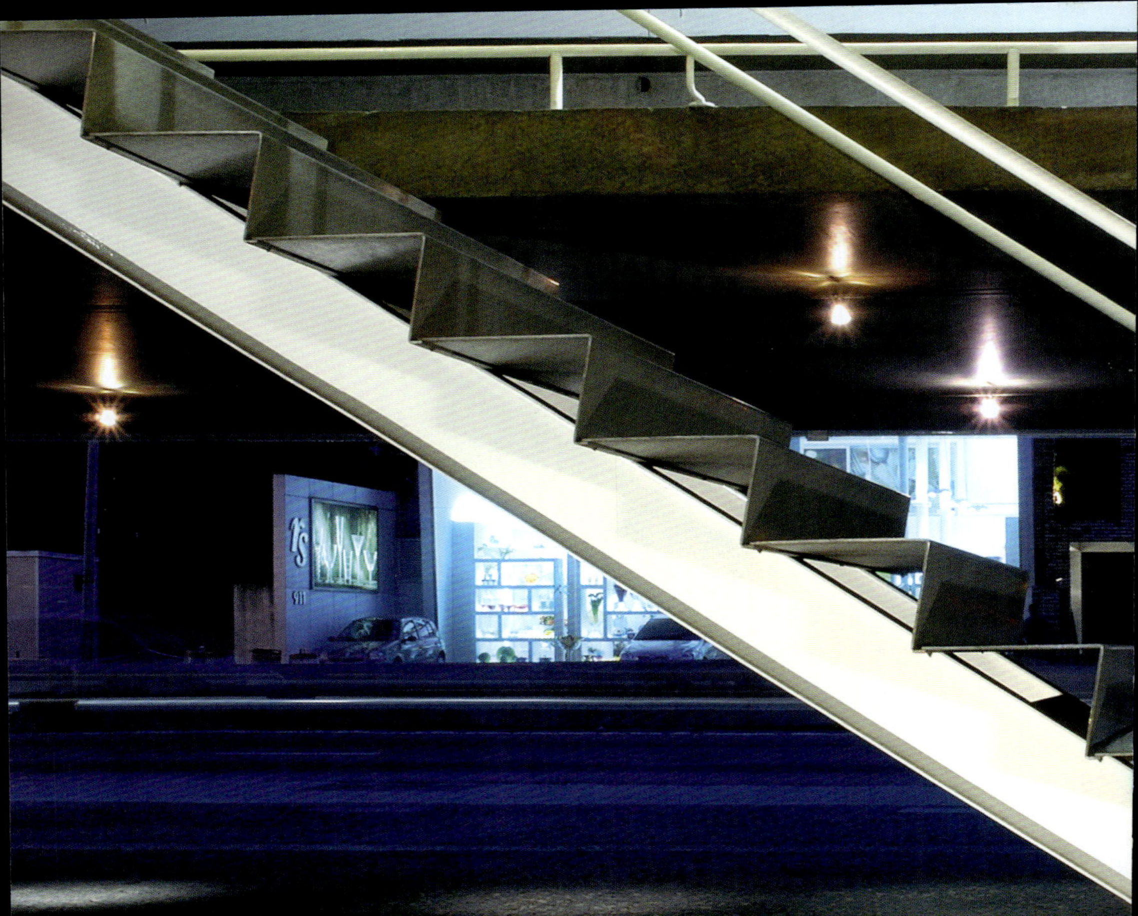

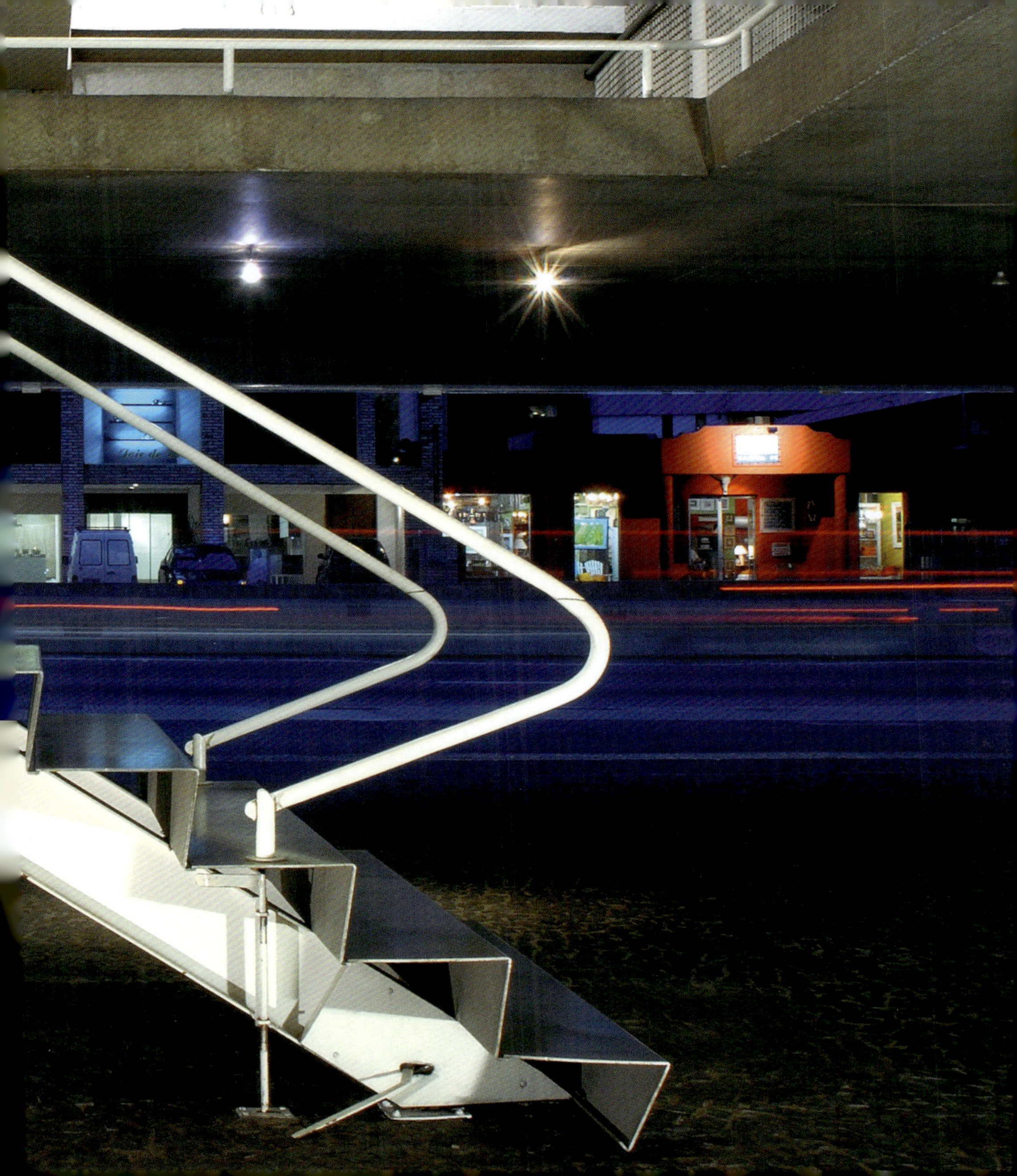

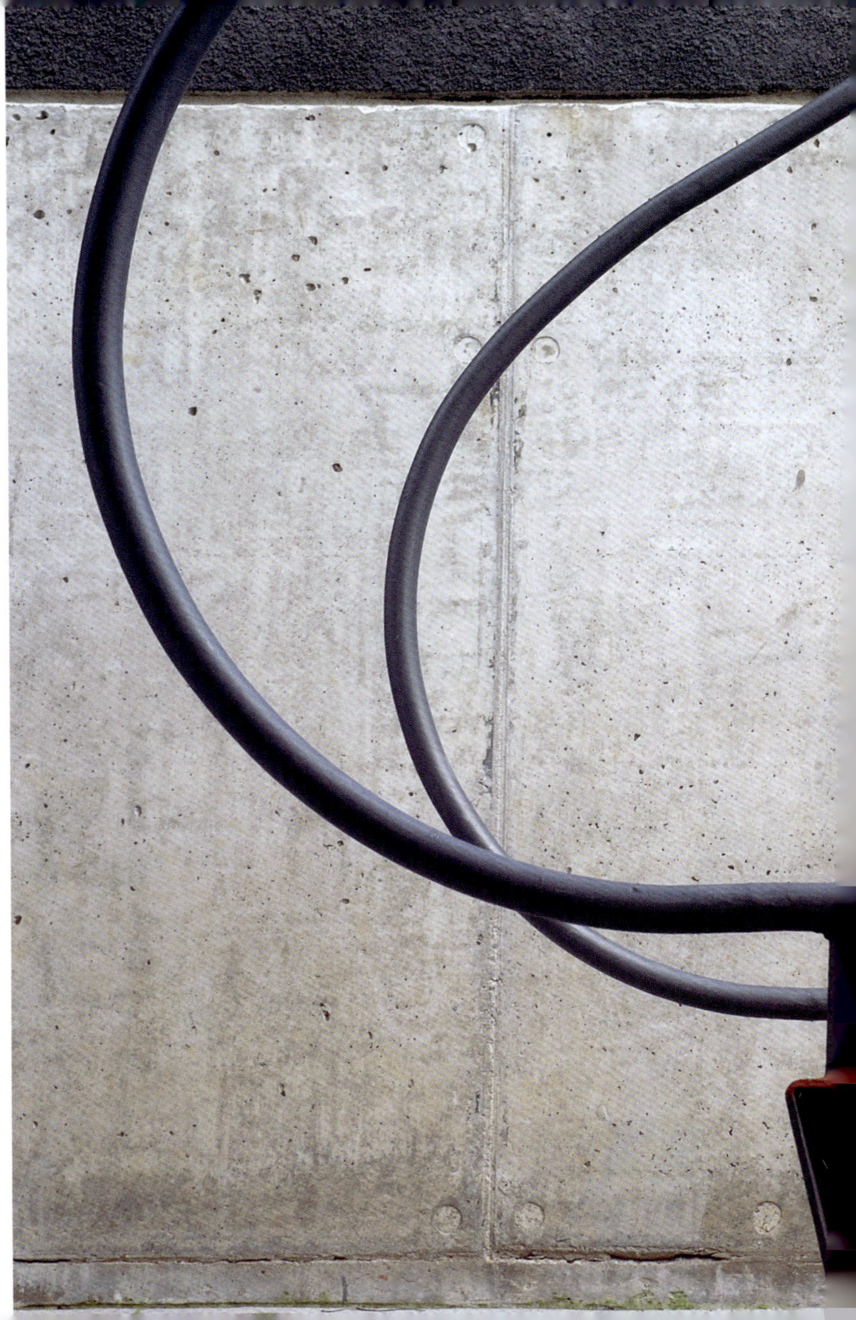

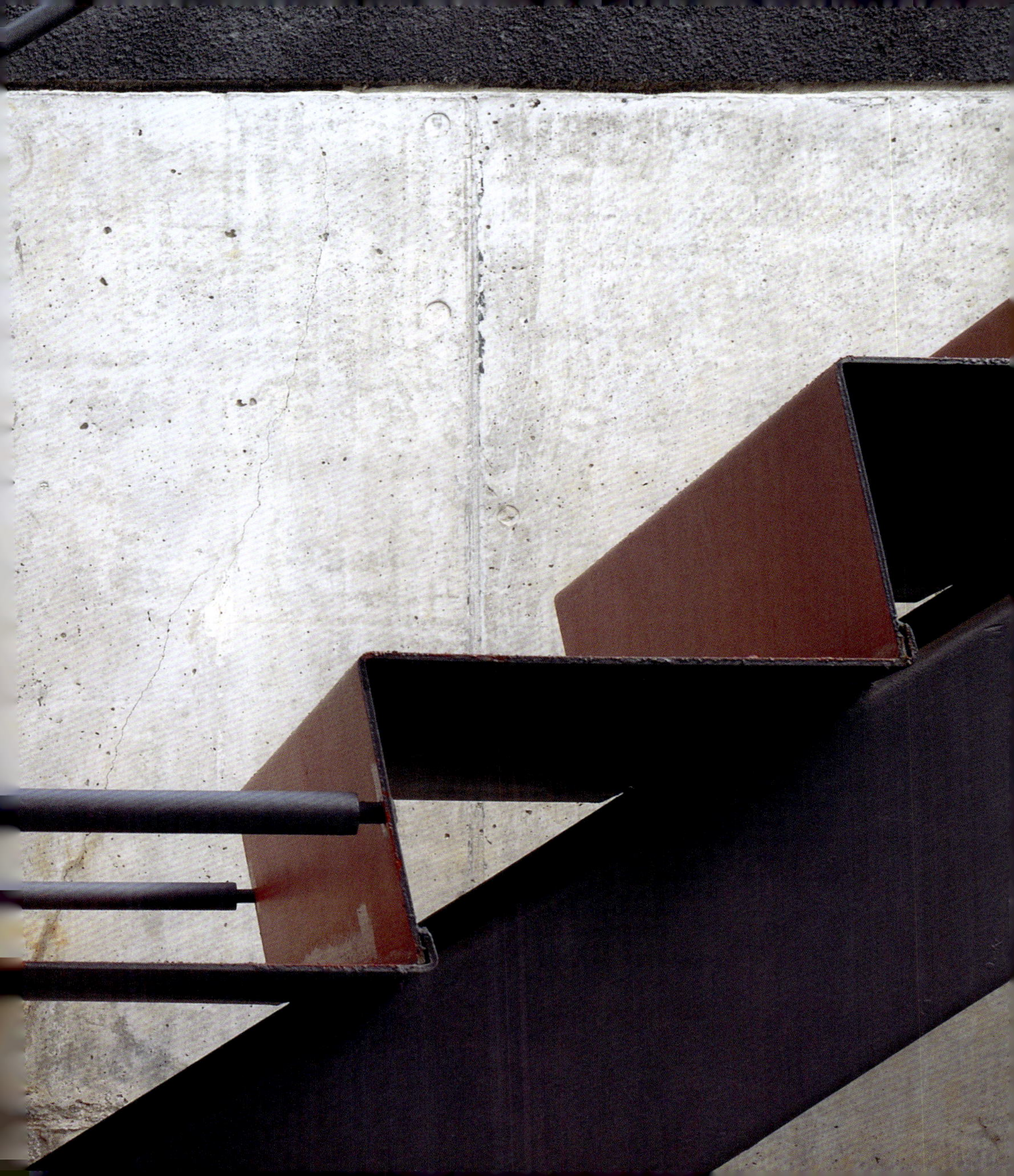

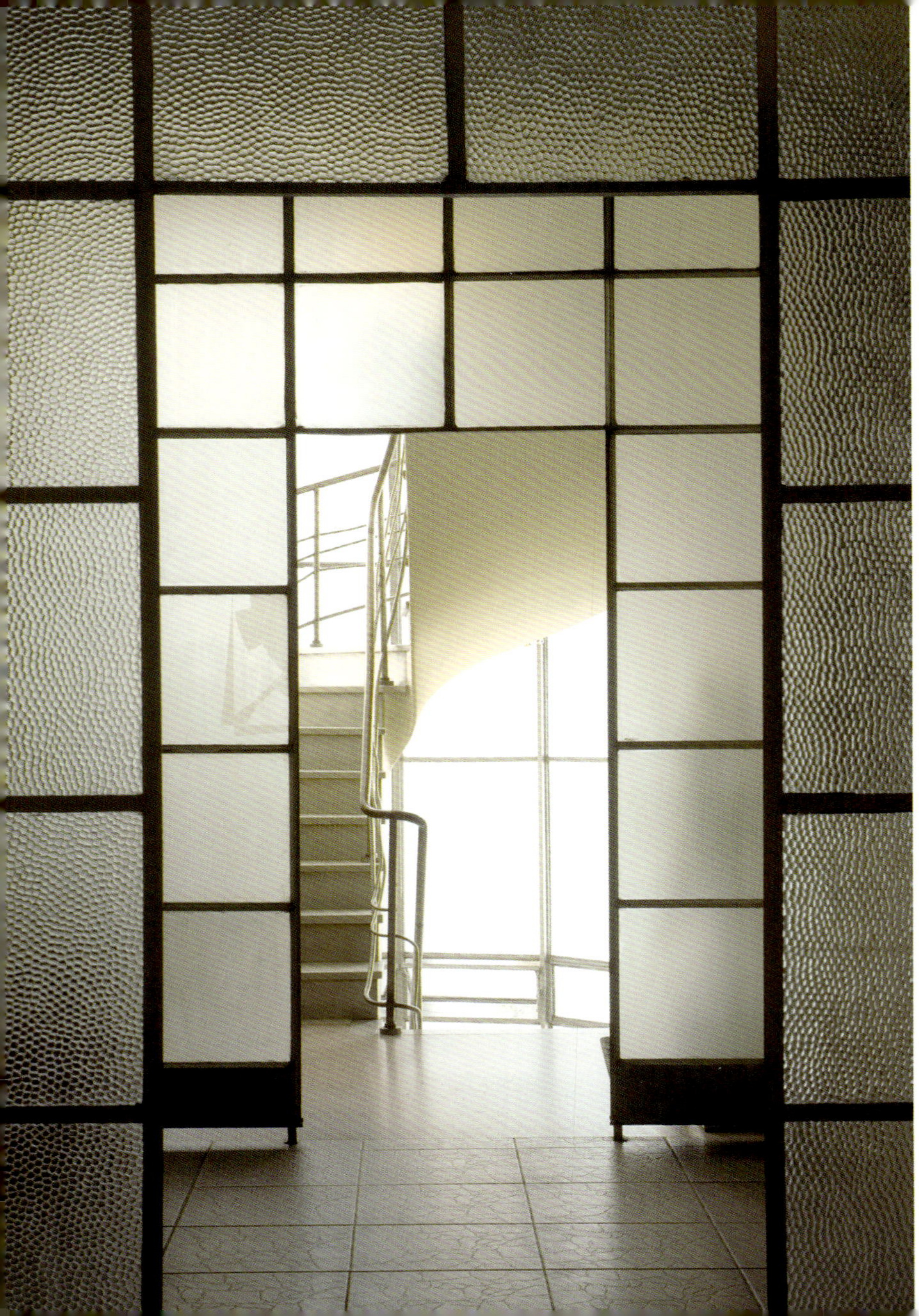

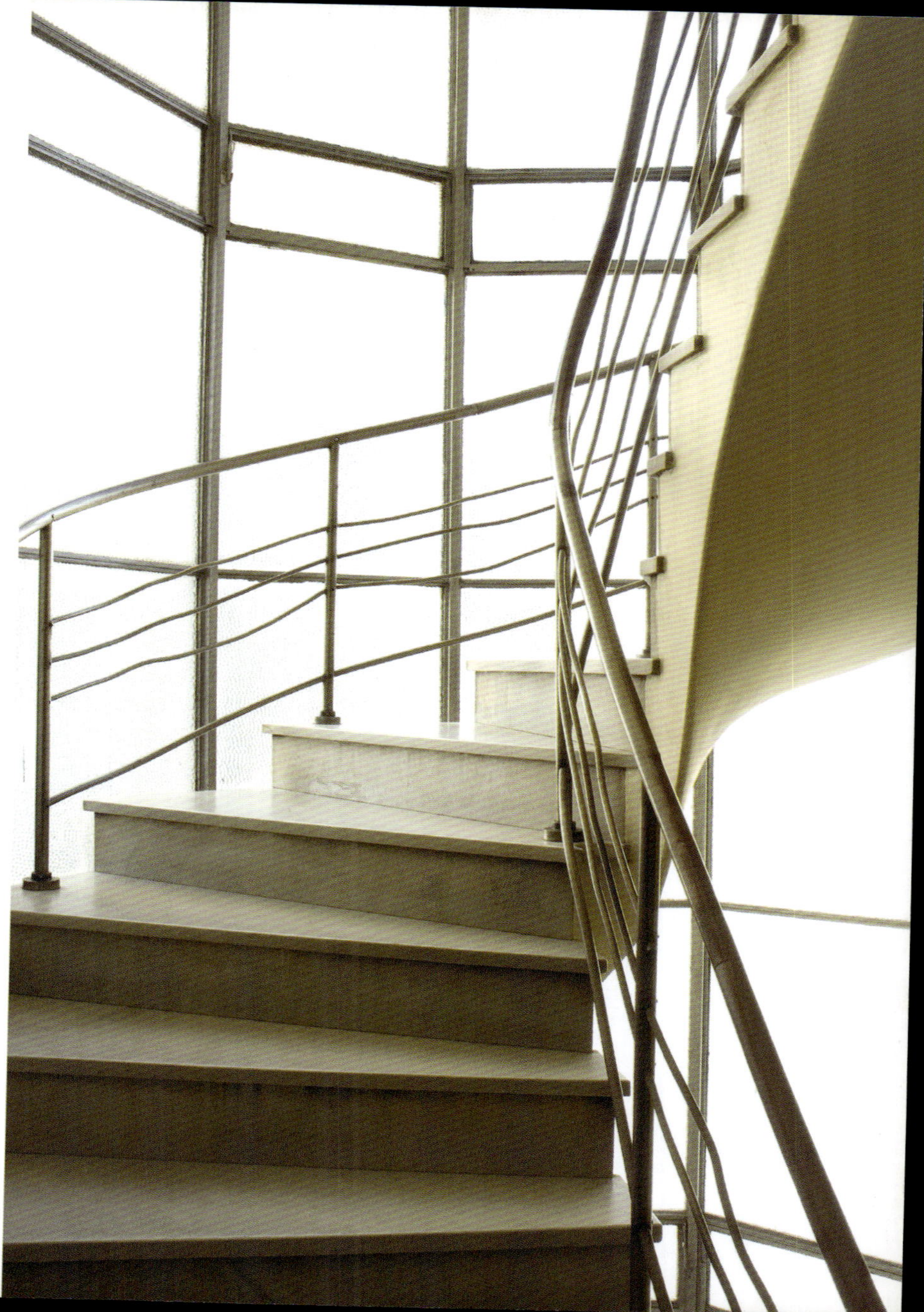

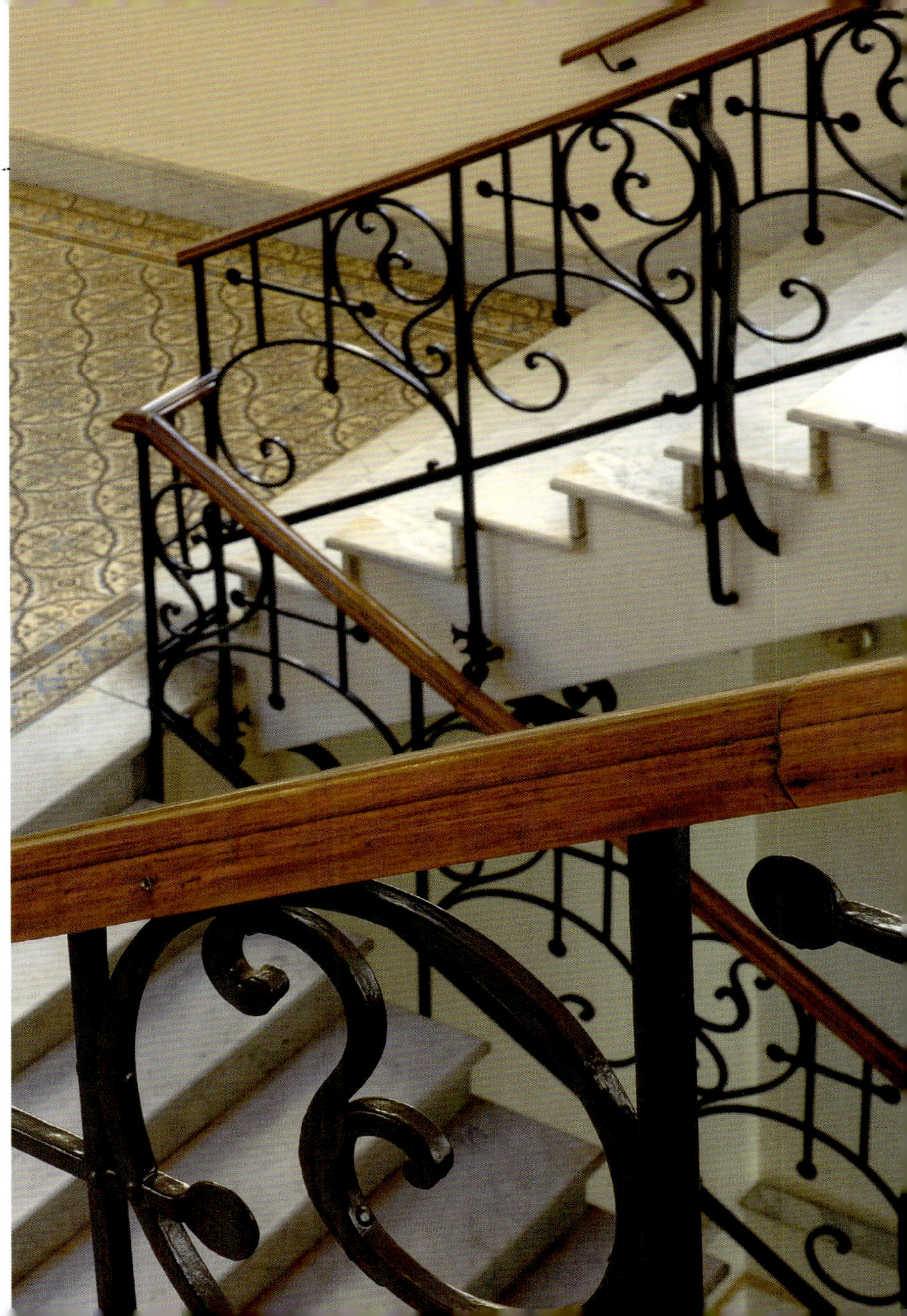

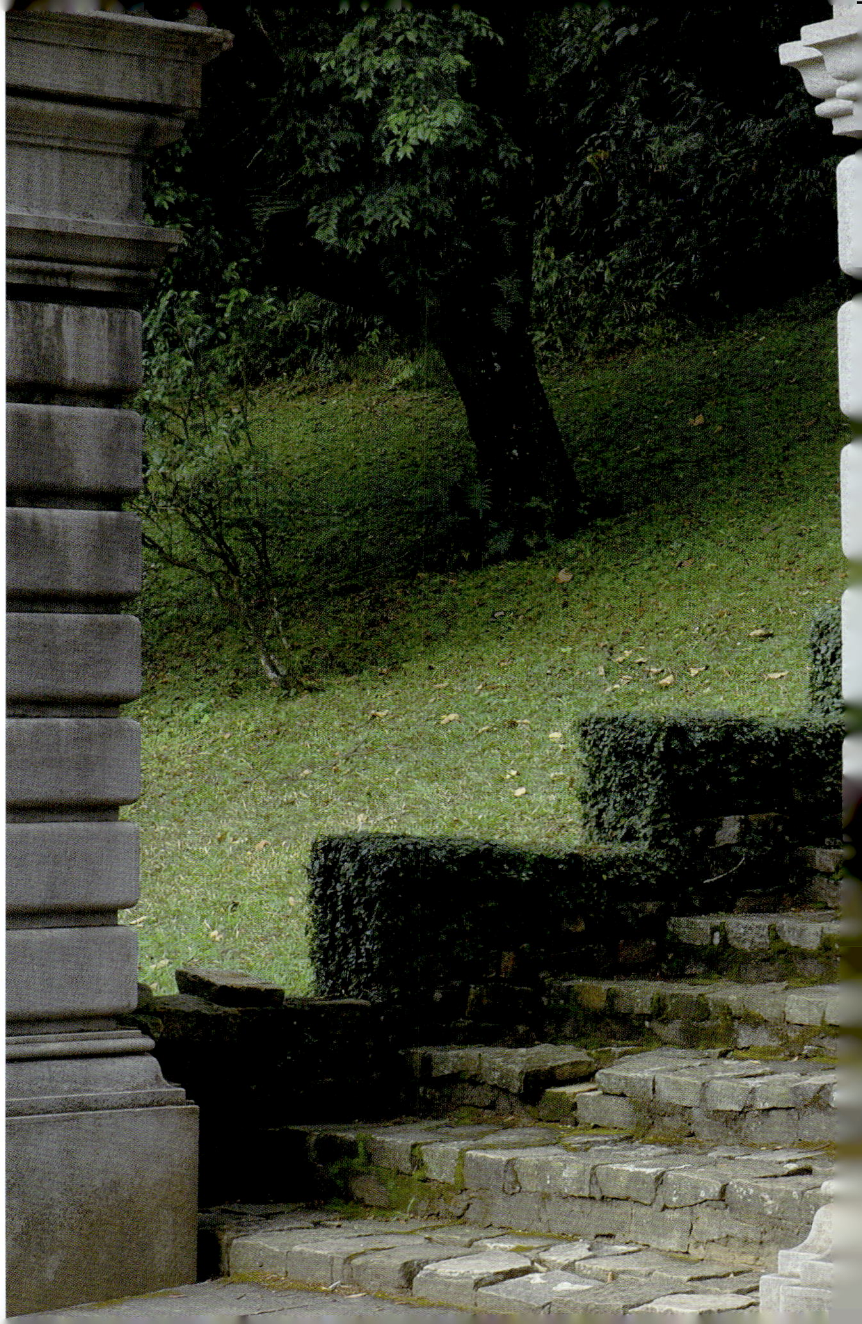

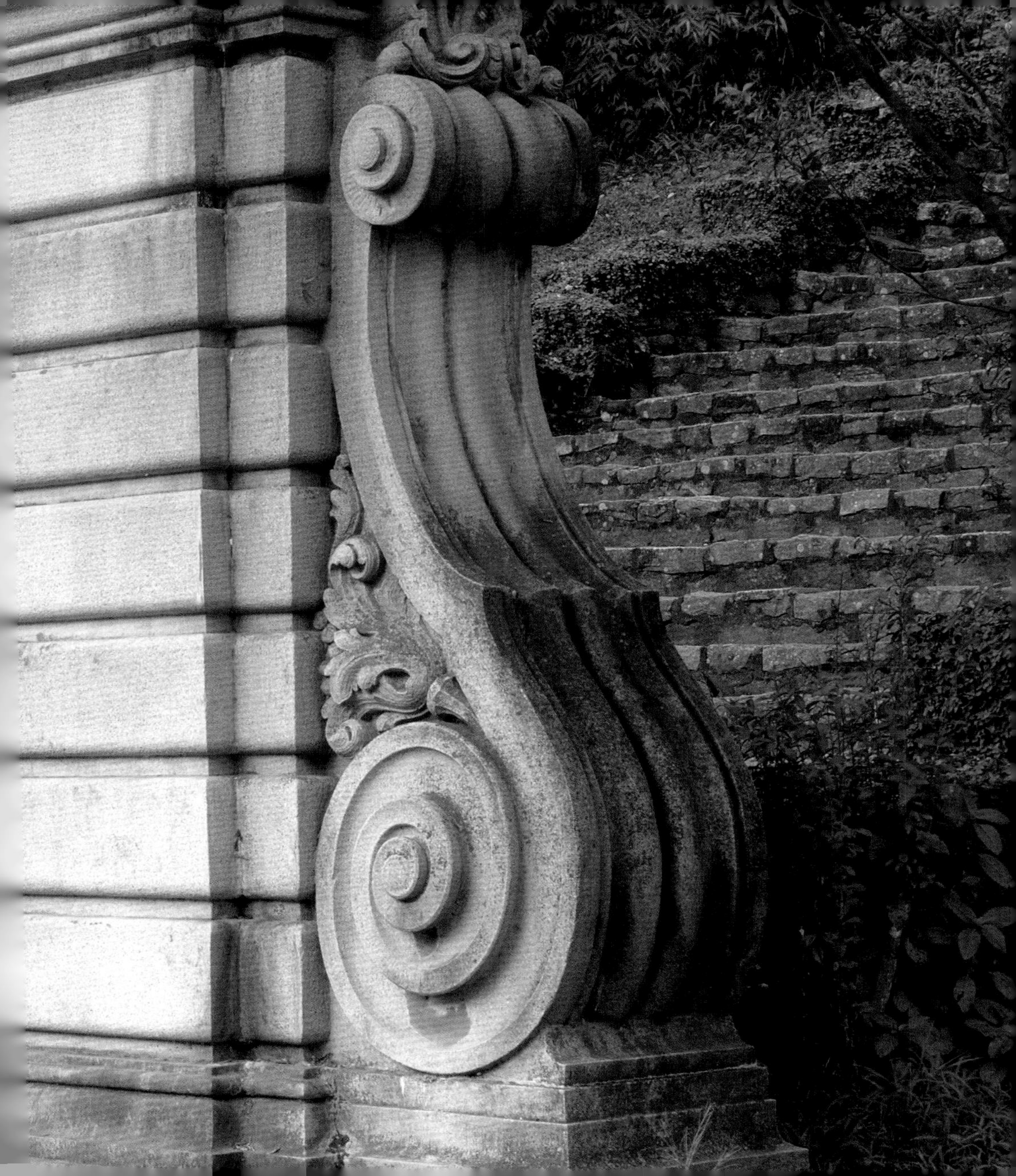

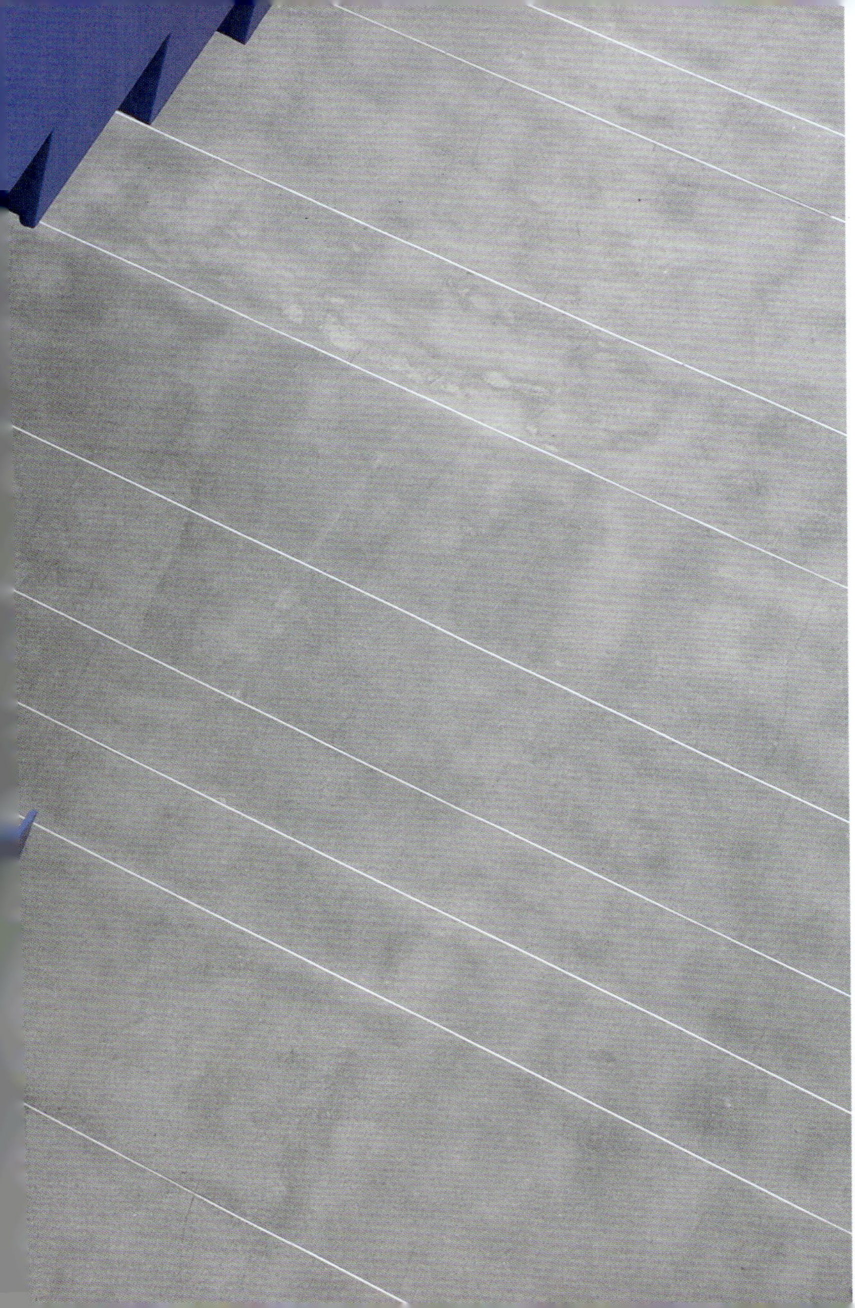

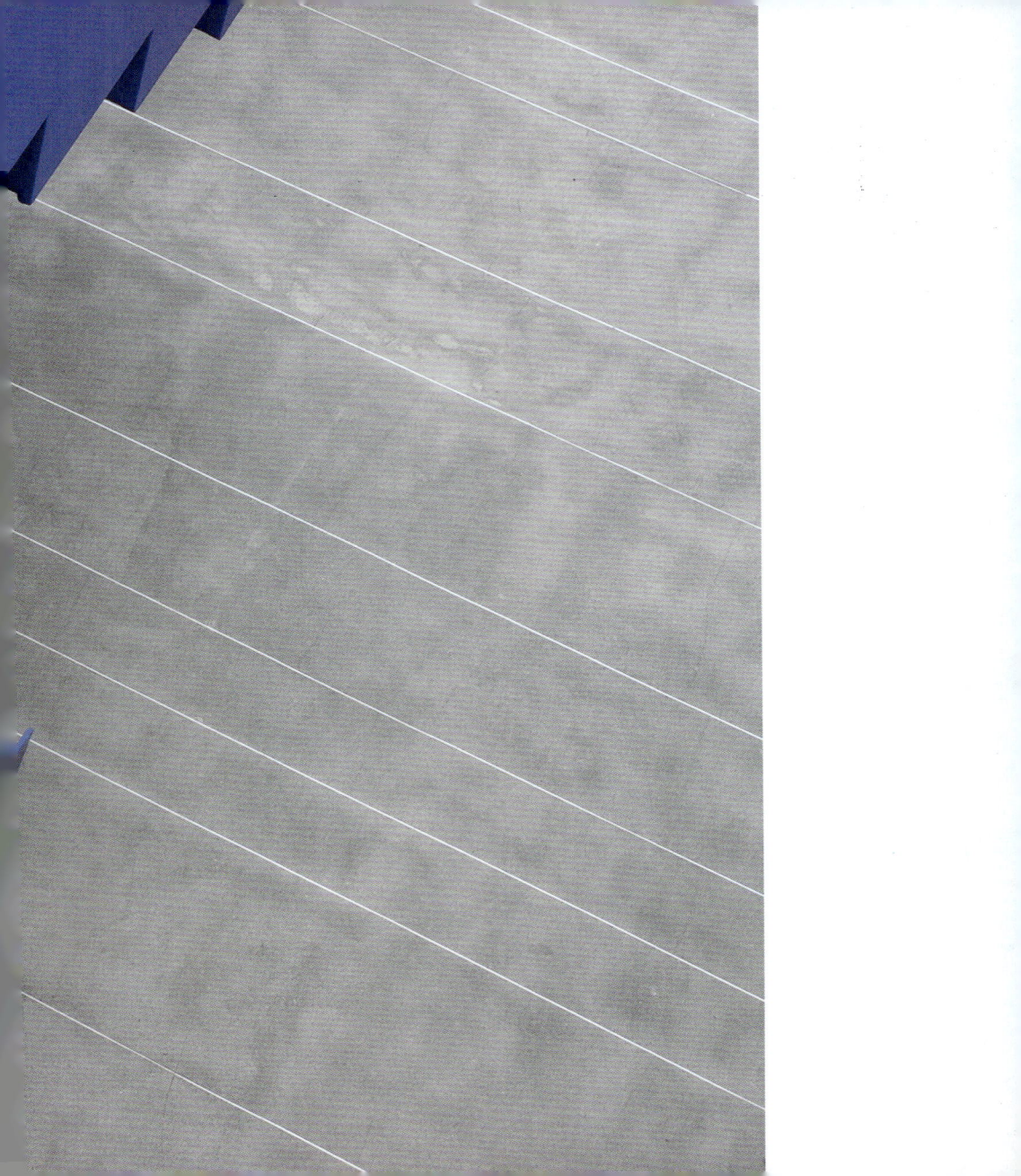

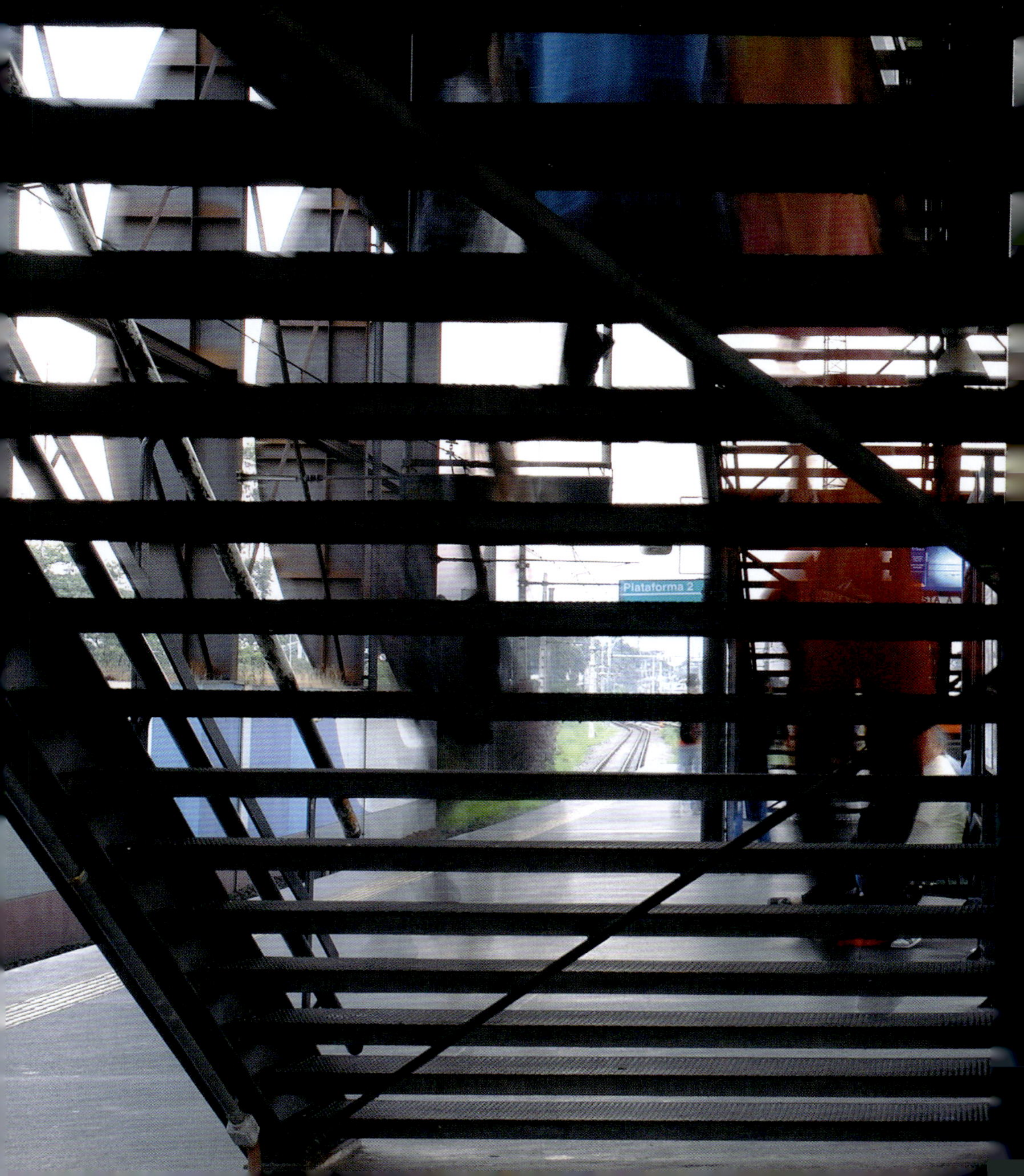
Plataforma 2

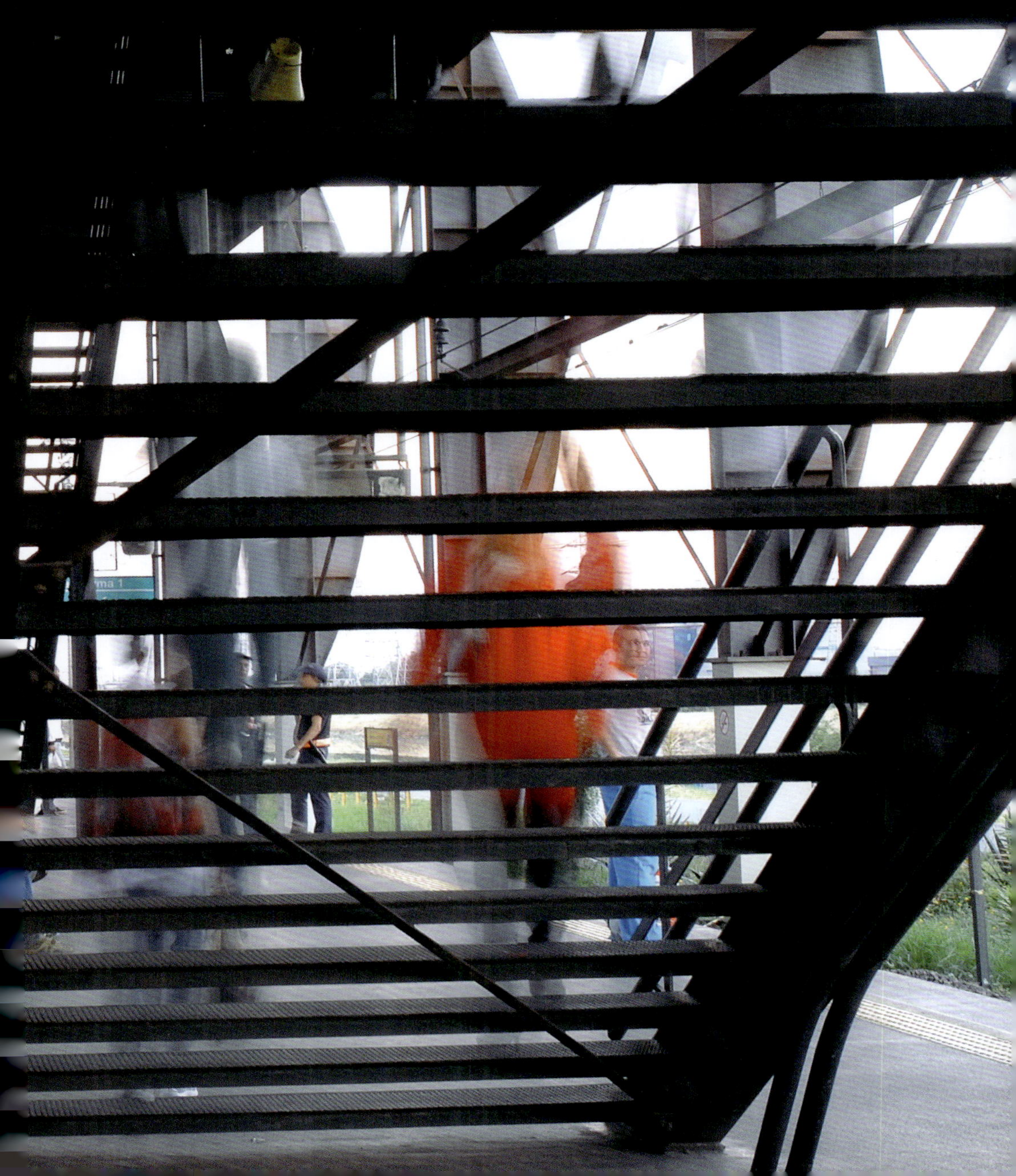

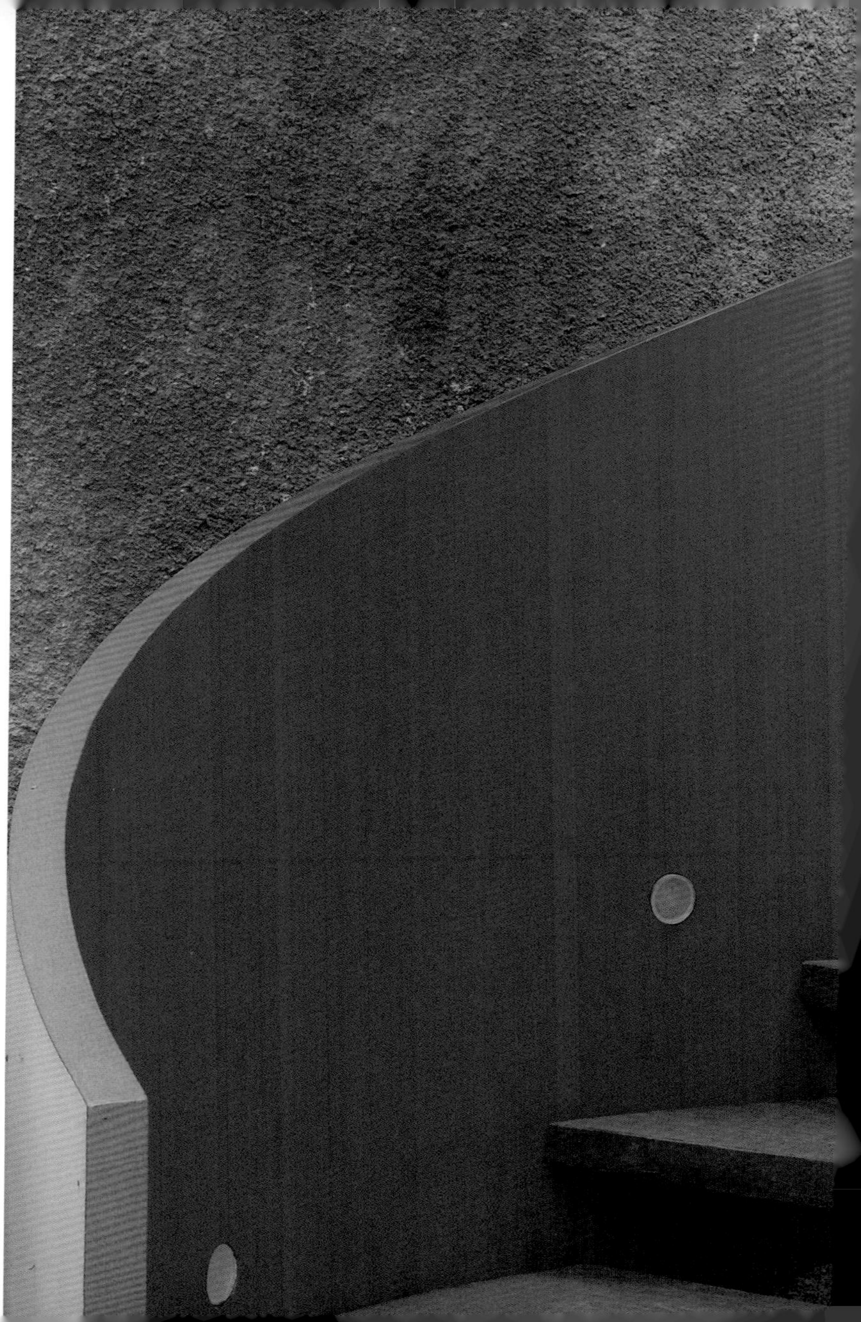

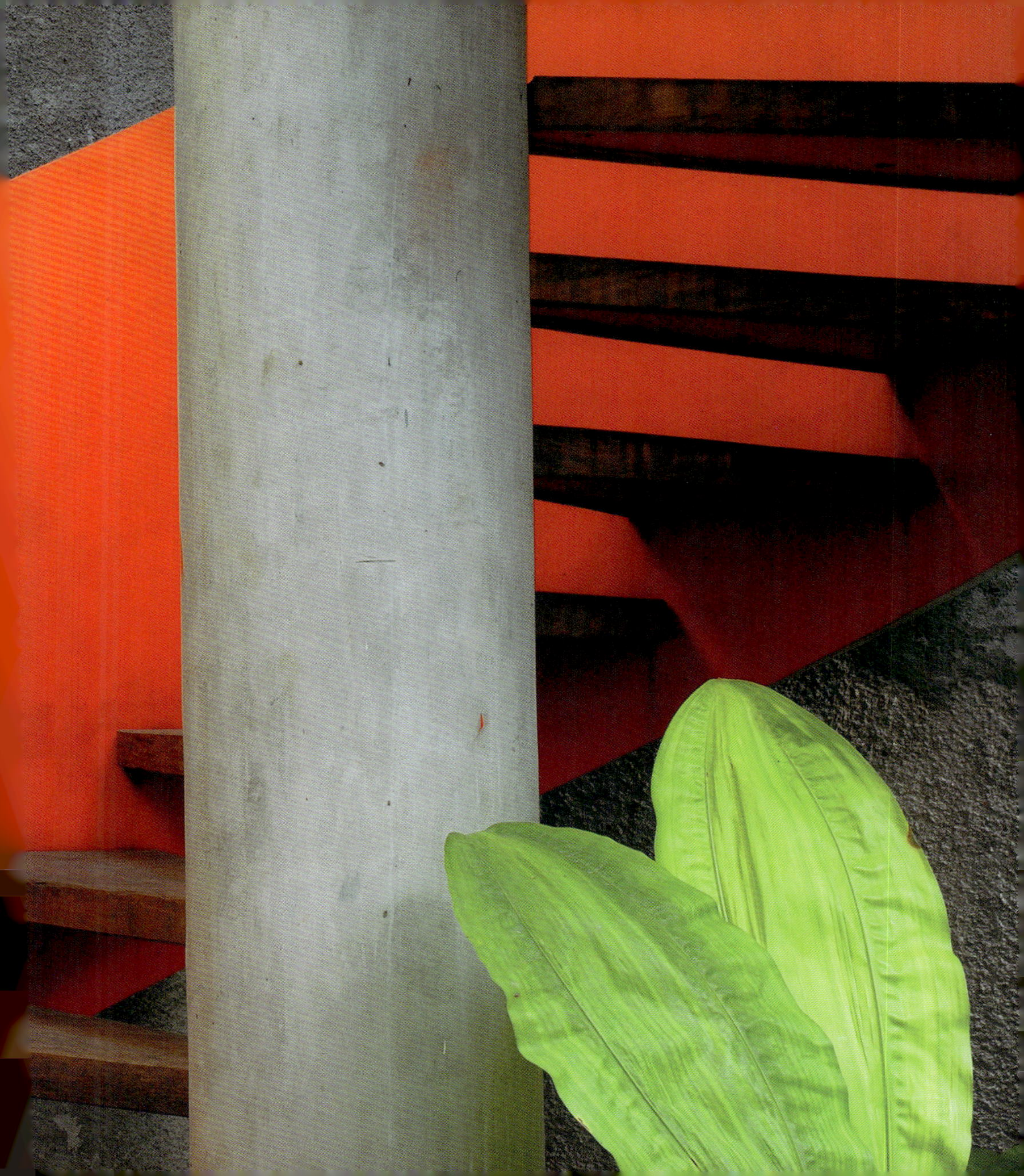

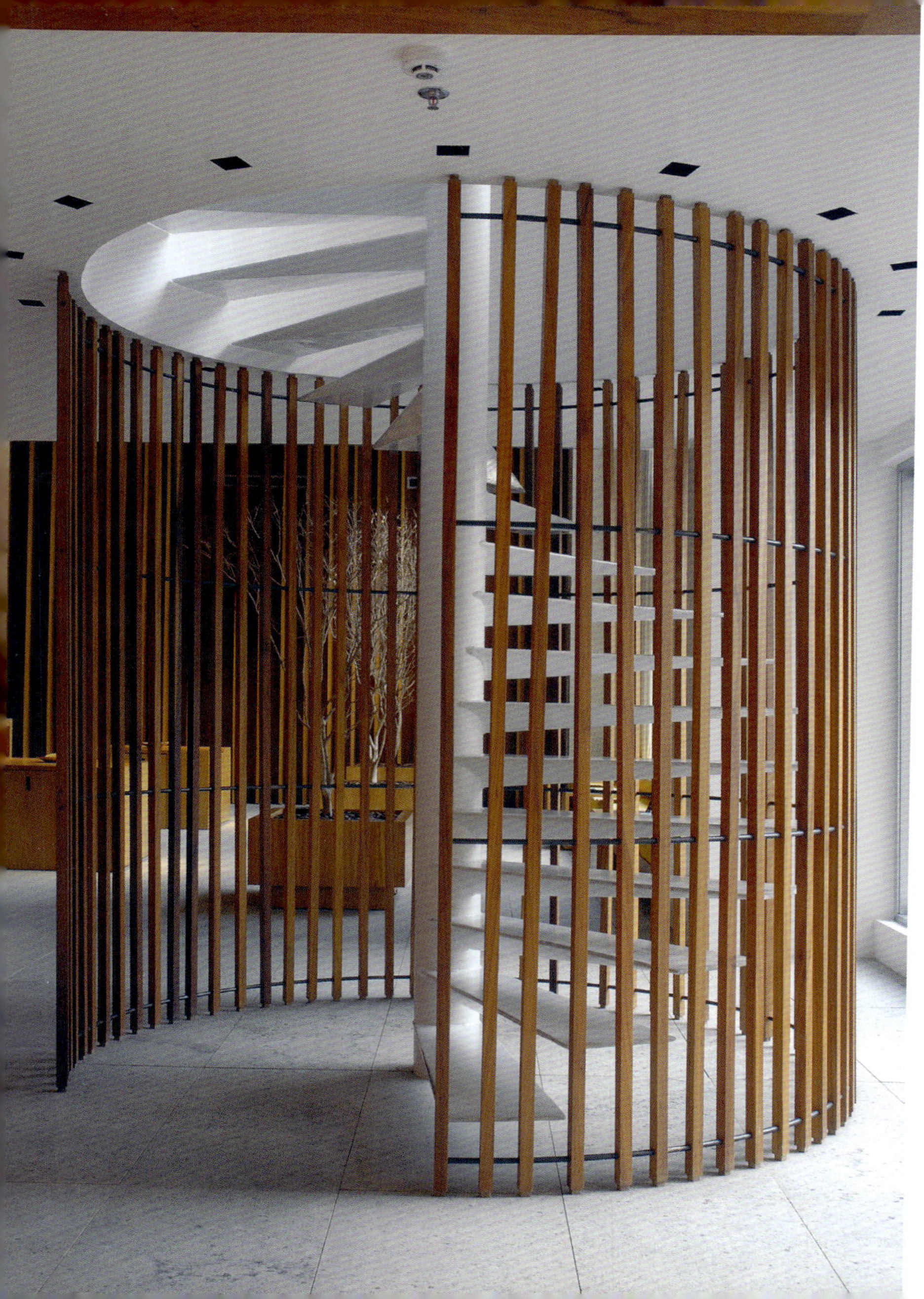

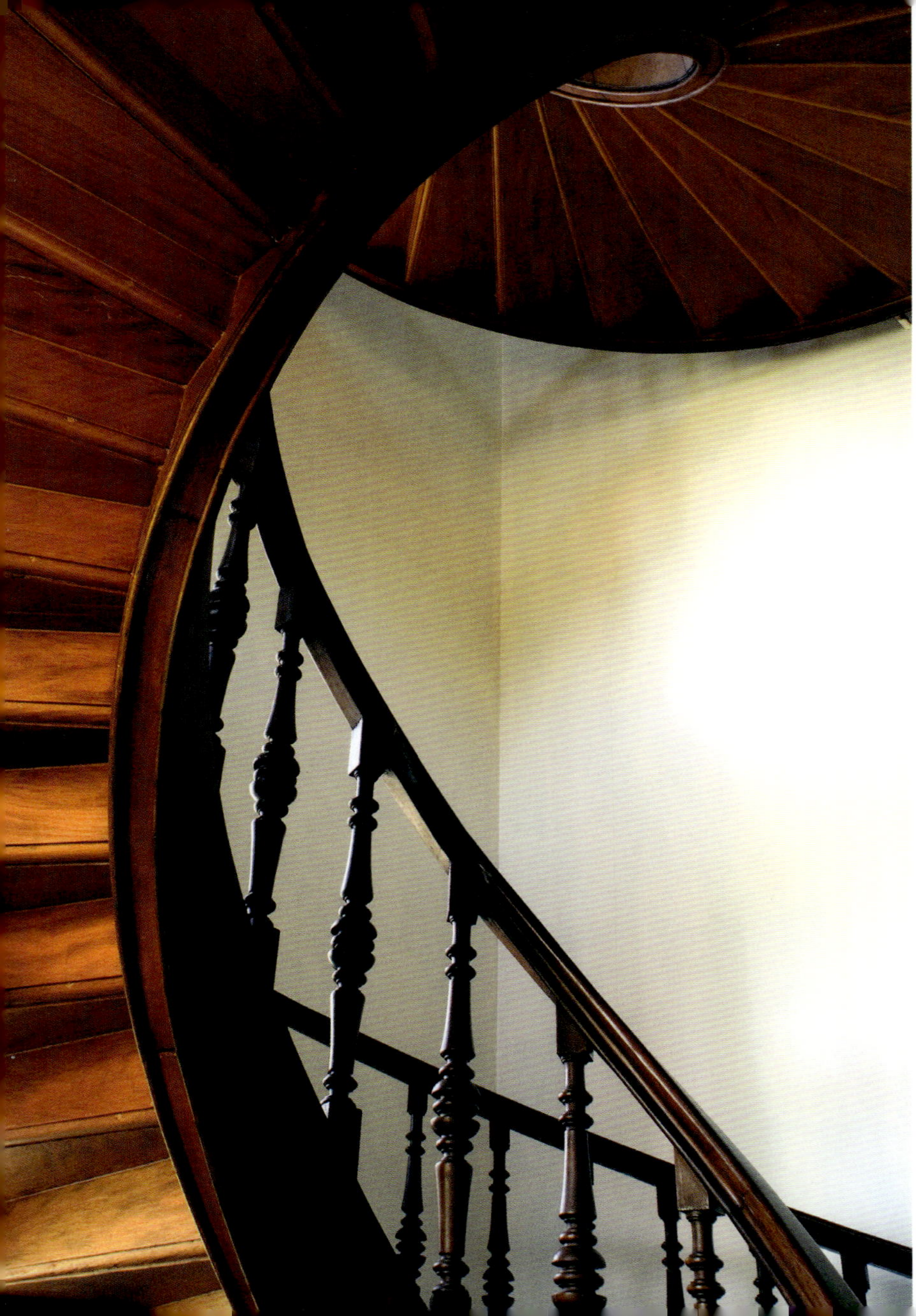

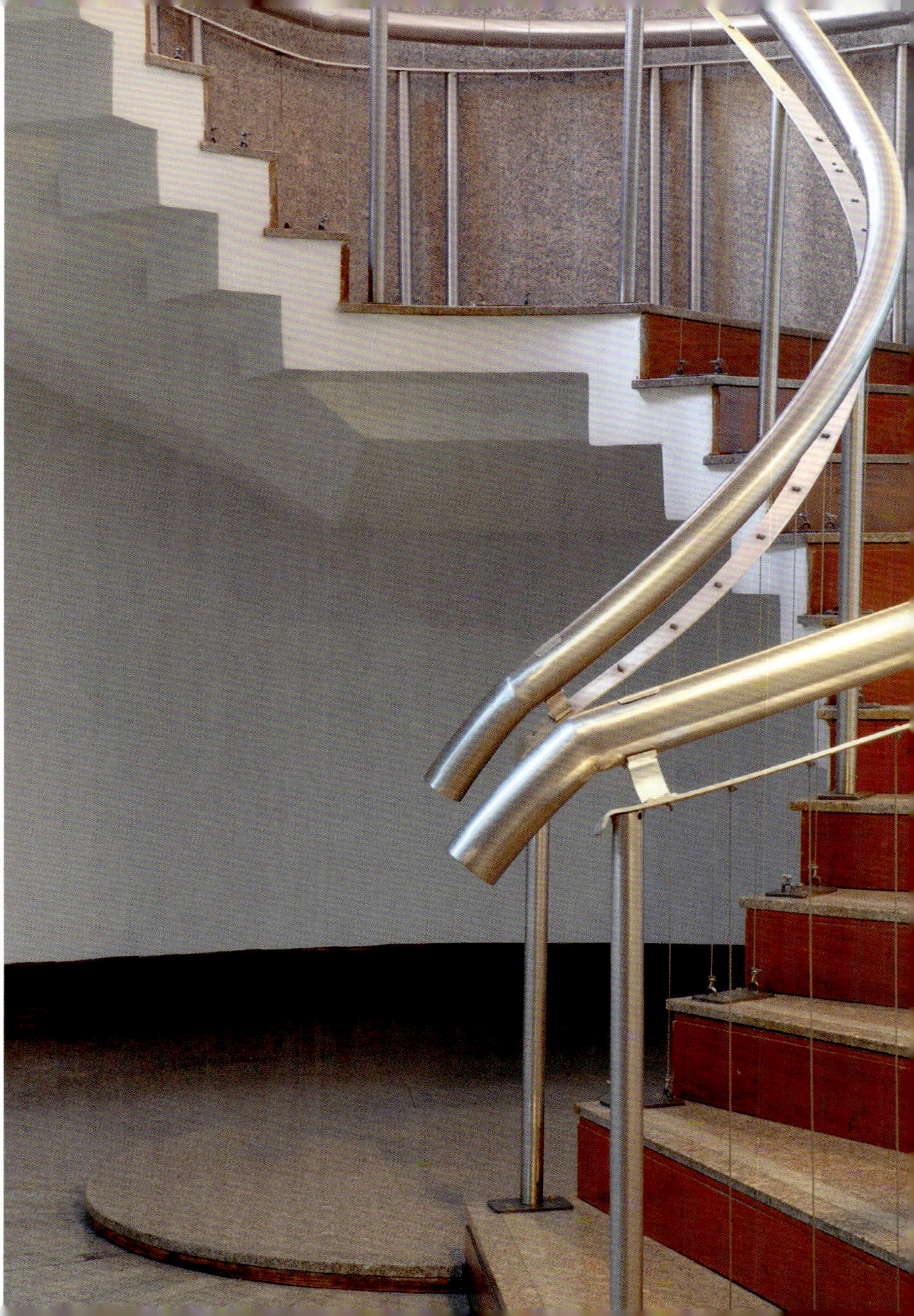

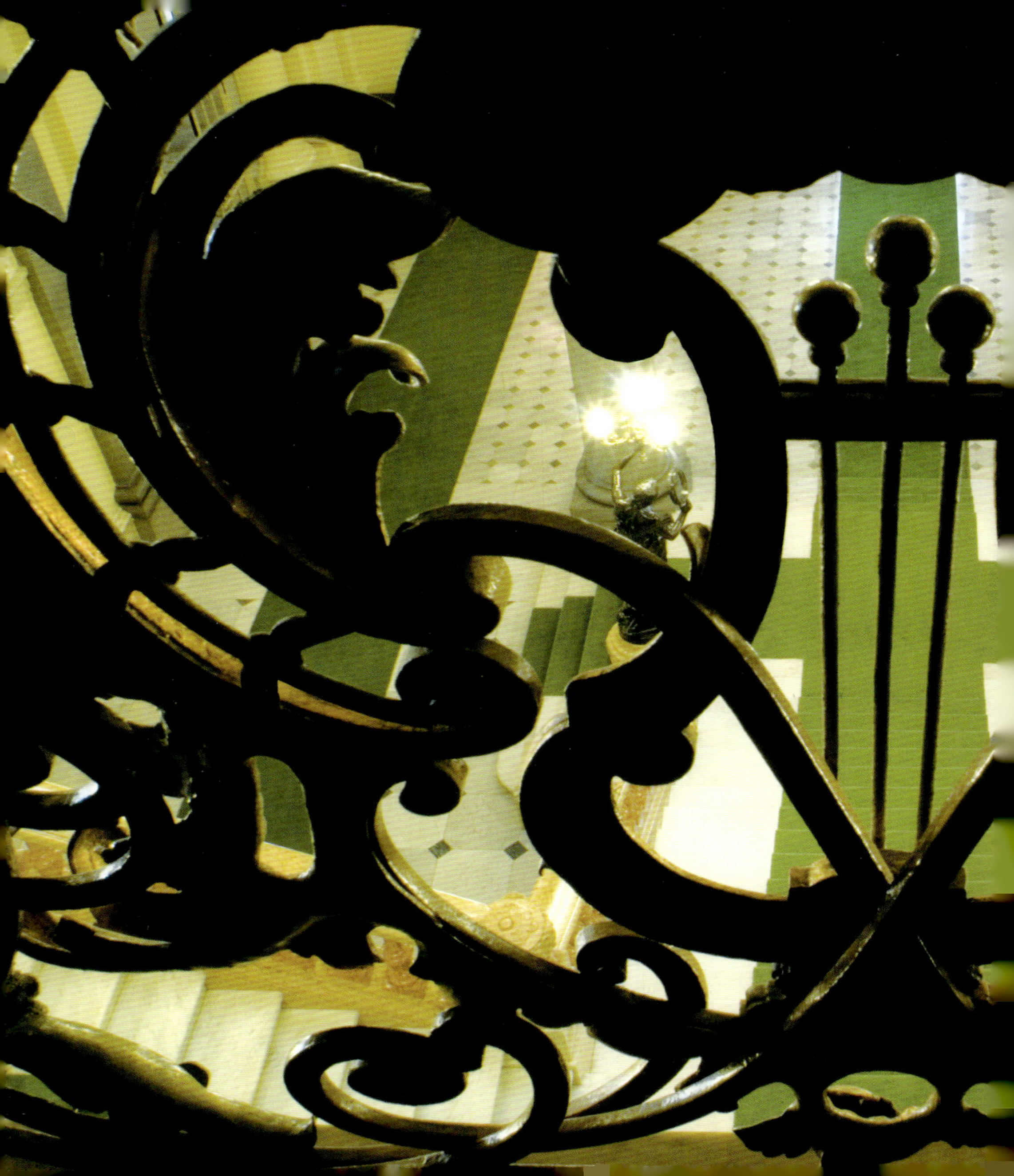

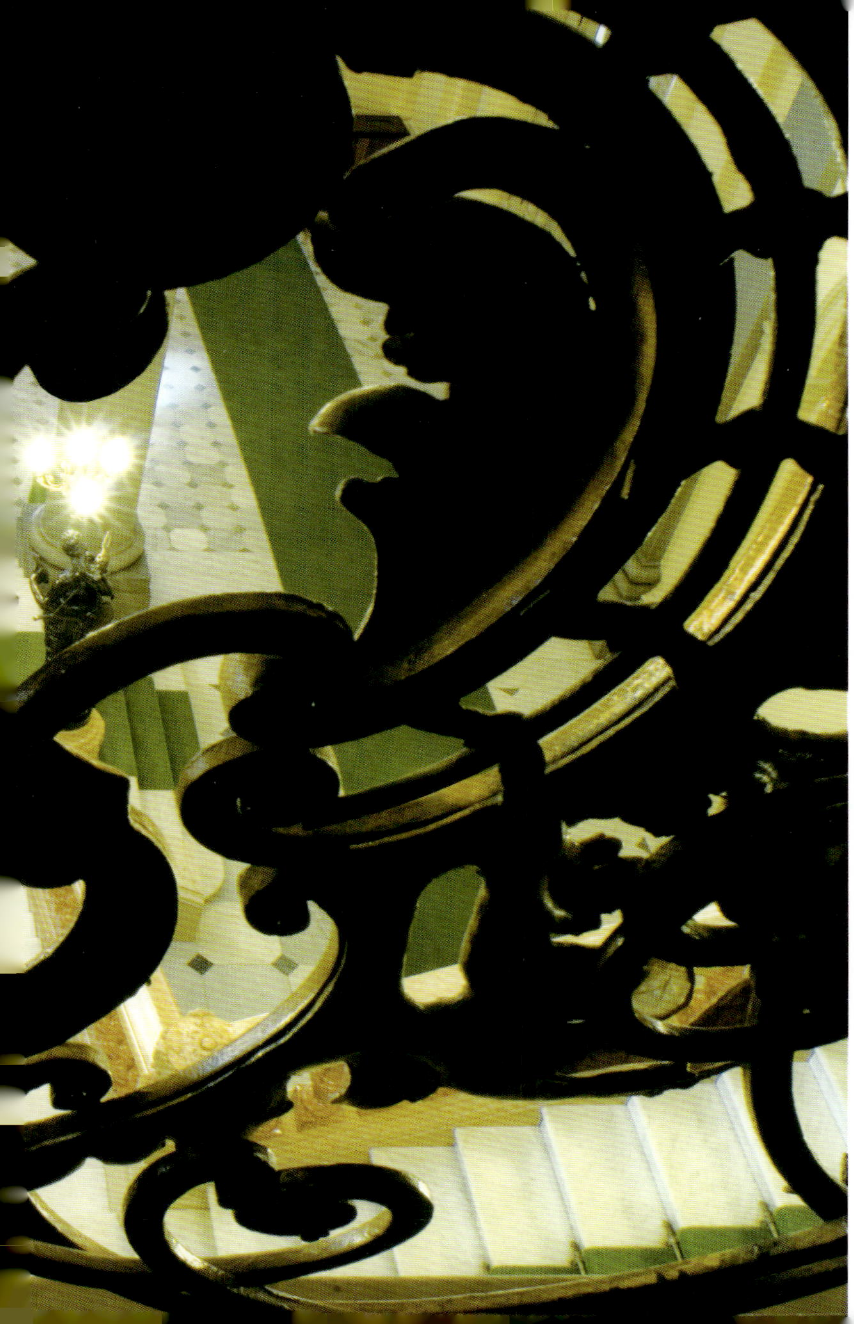

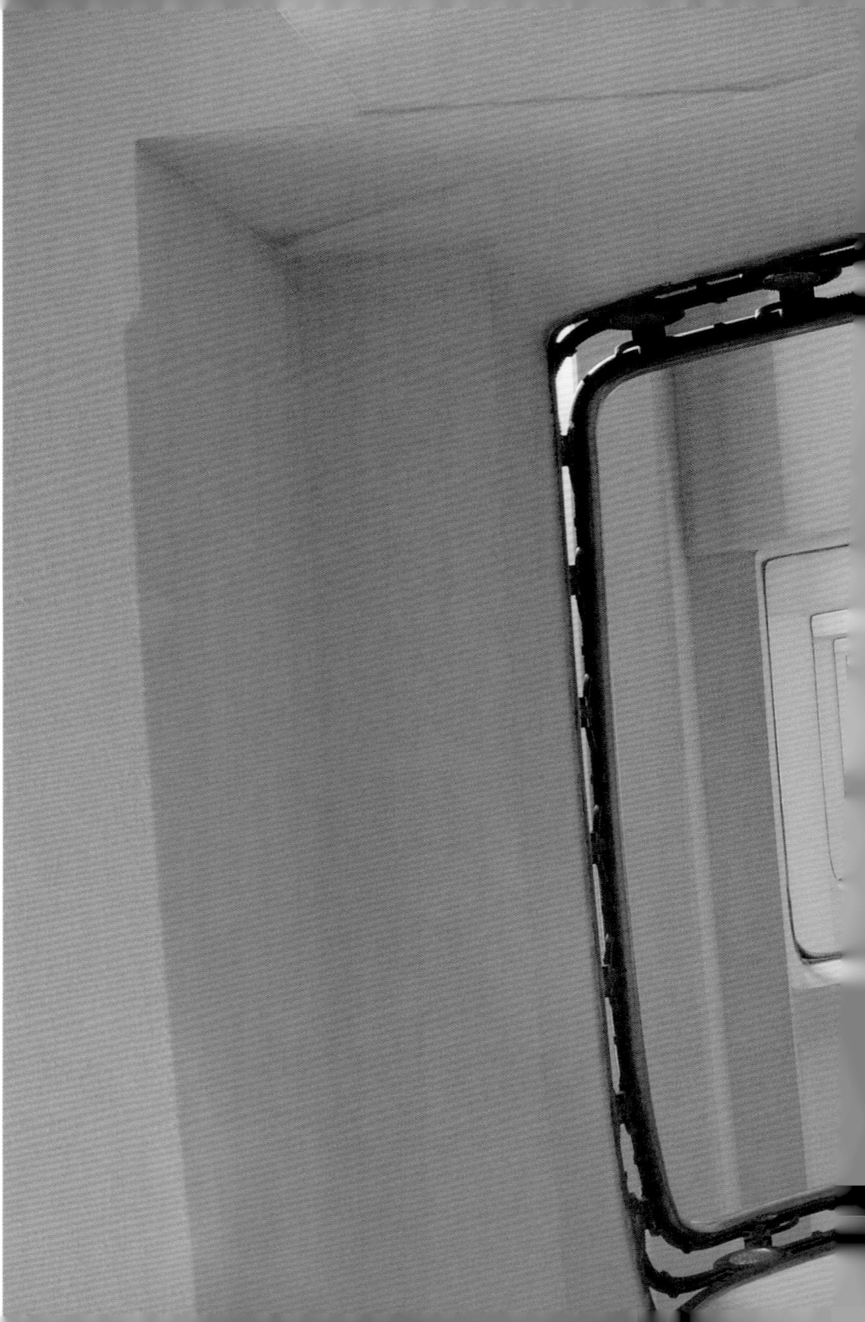

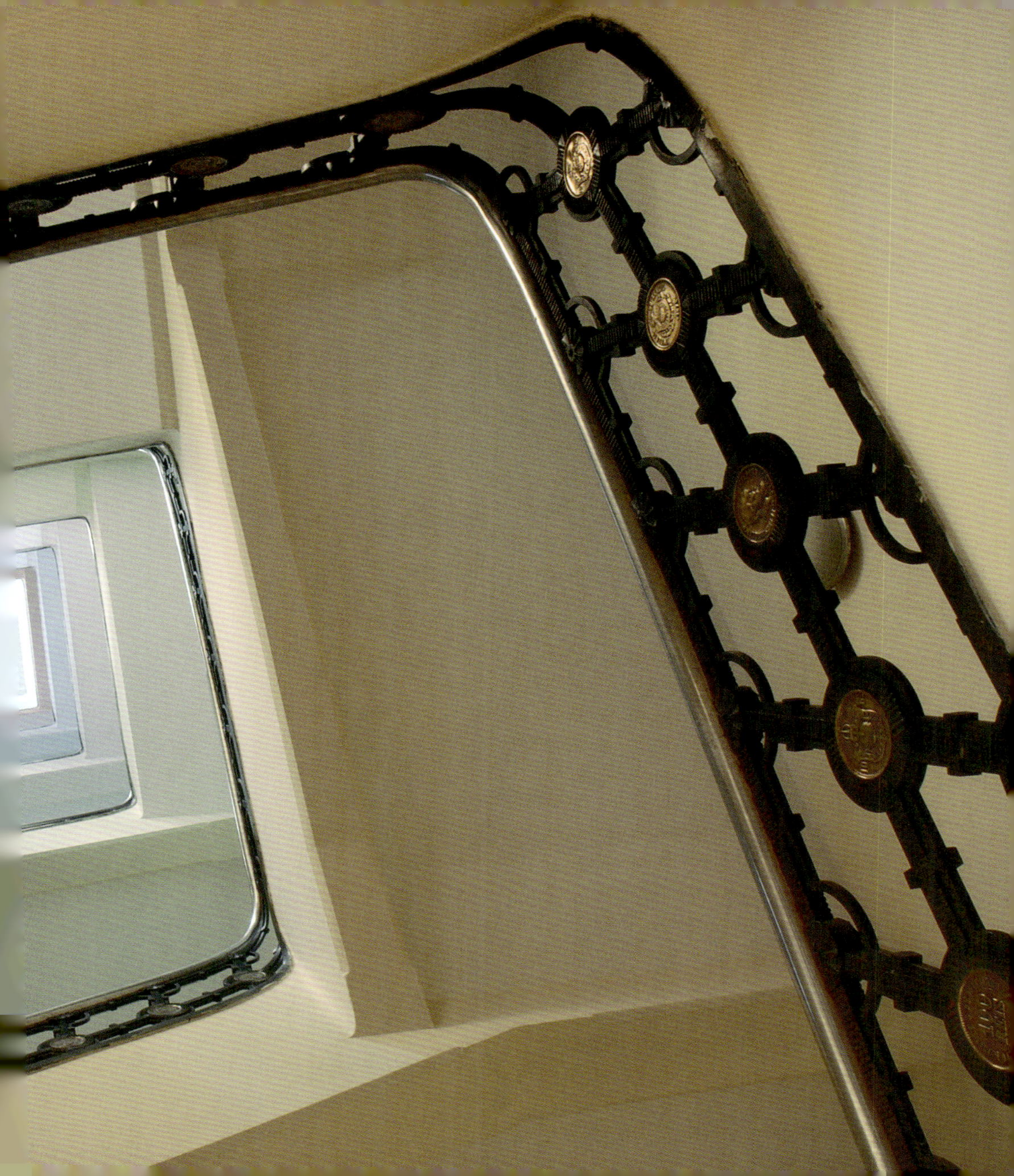

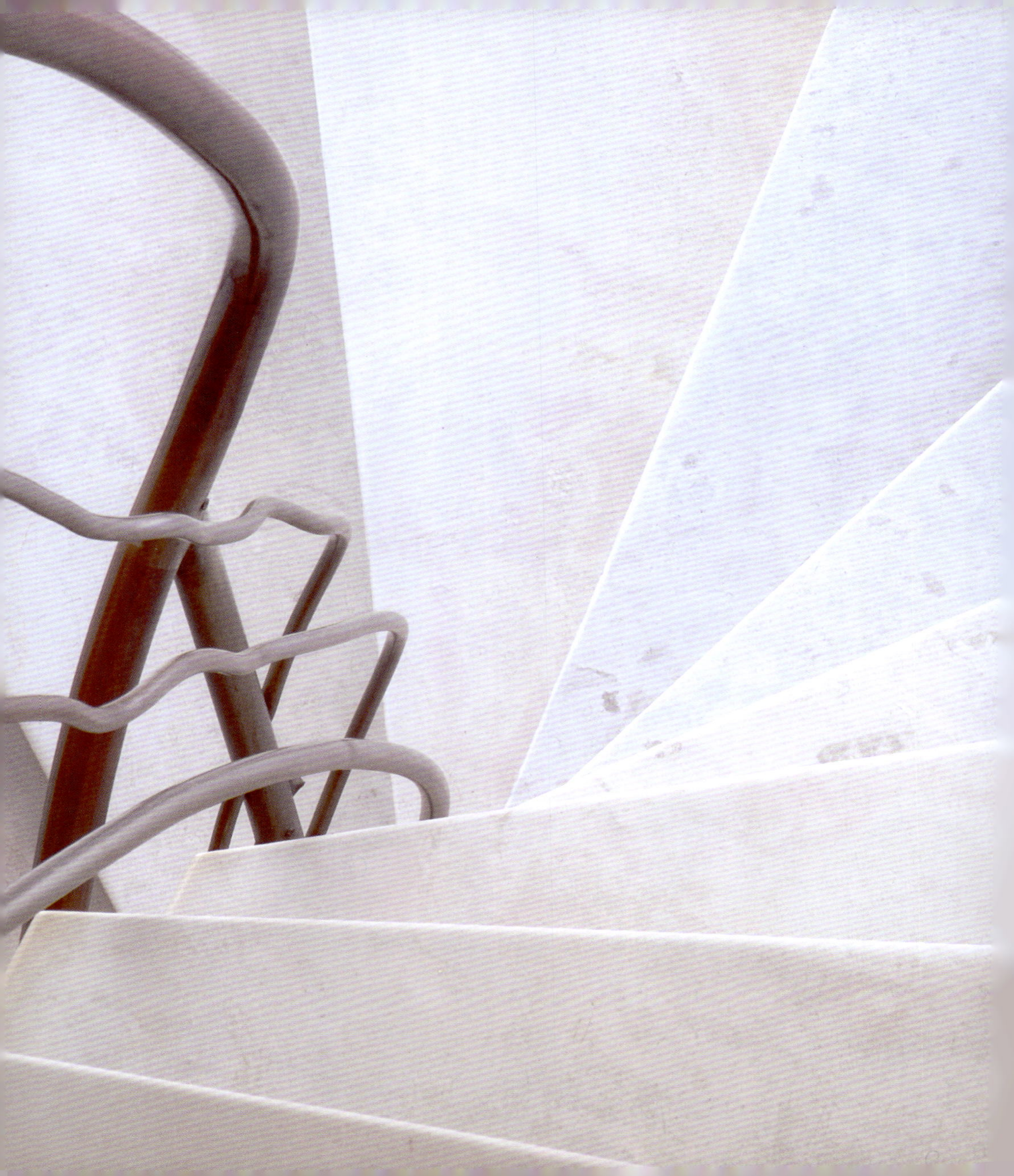

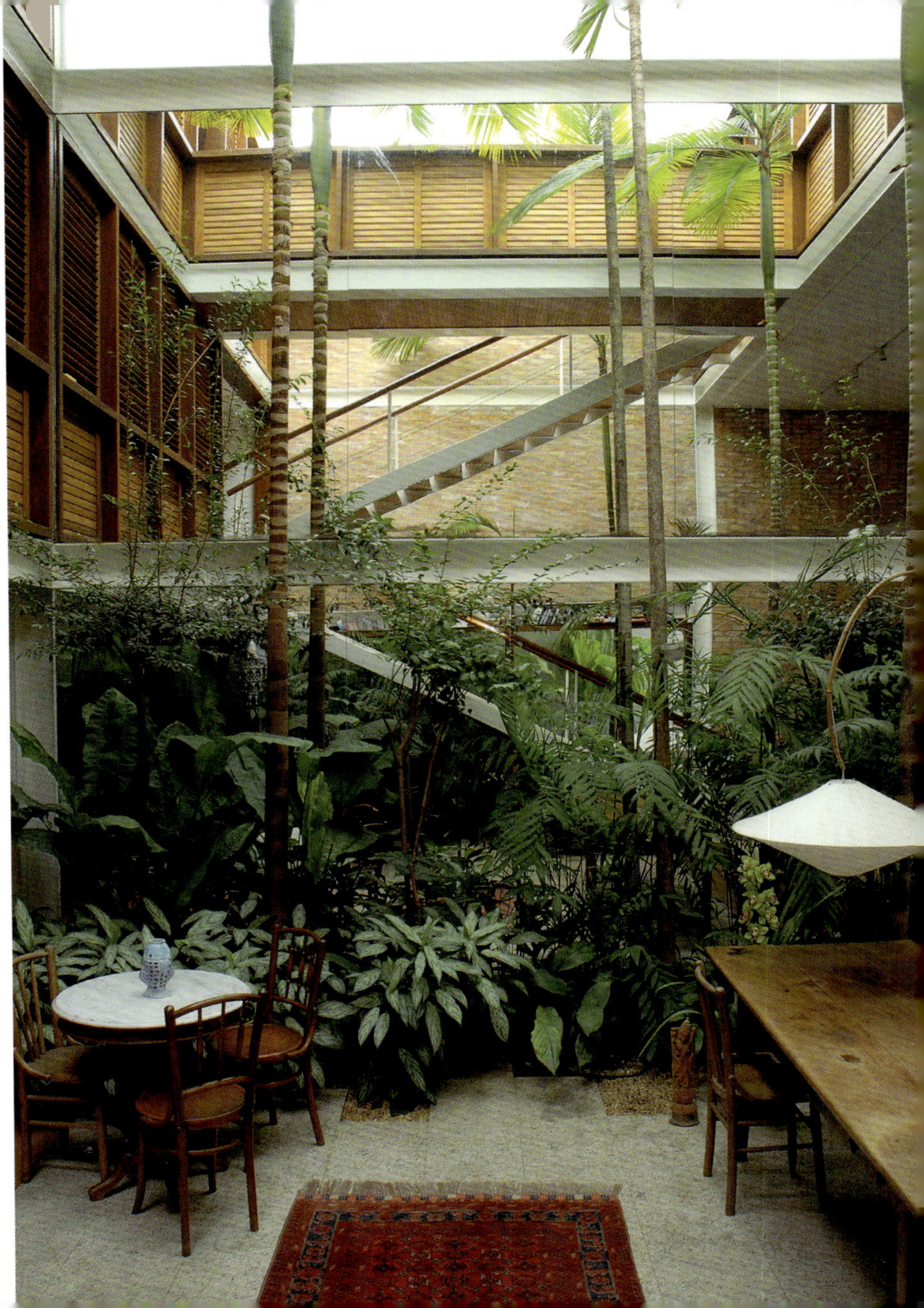

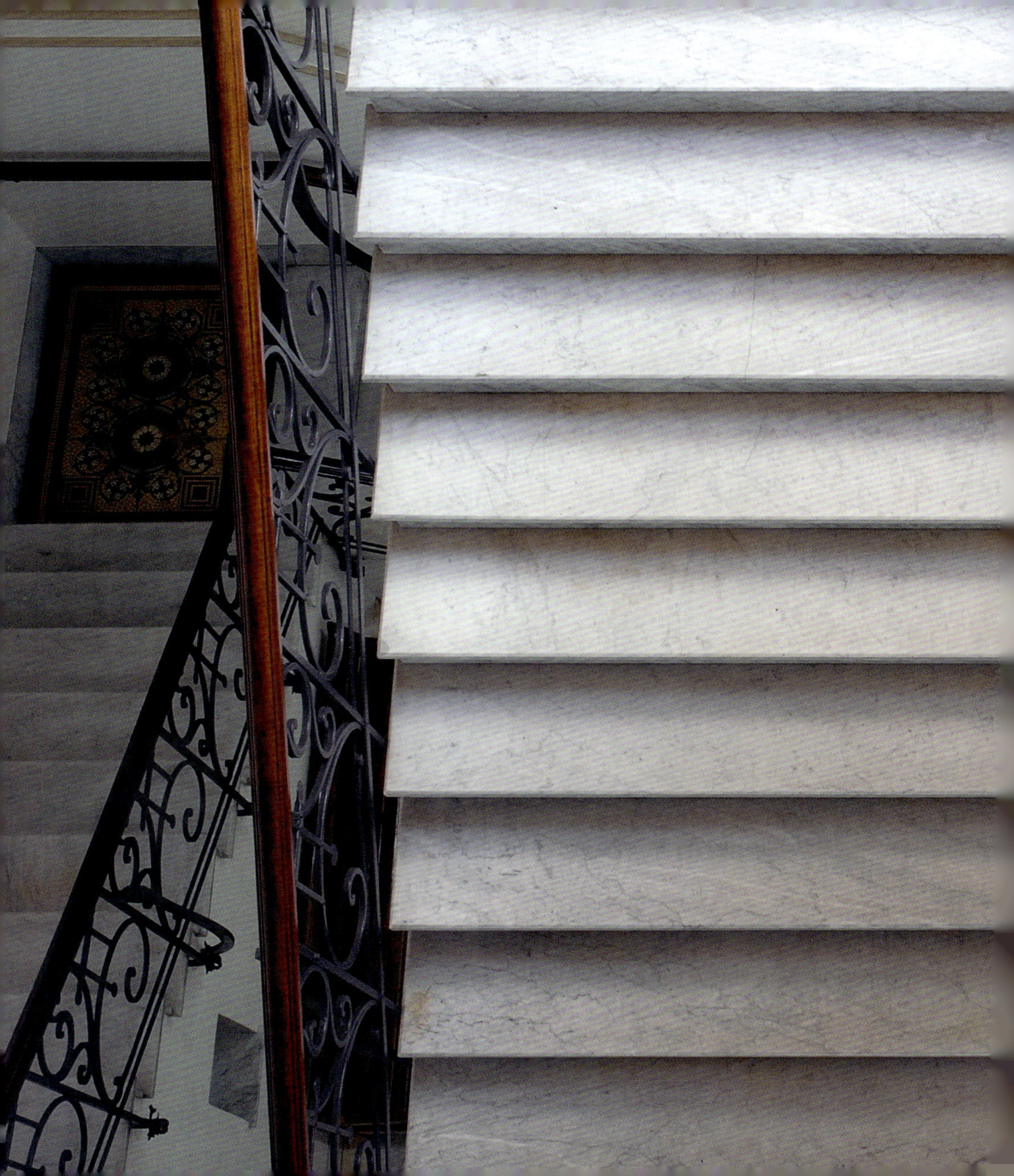

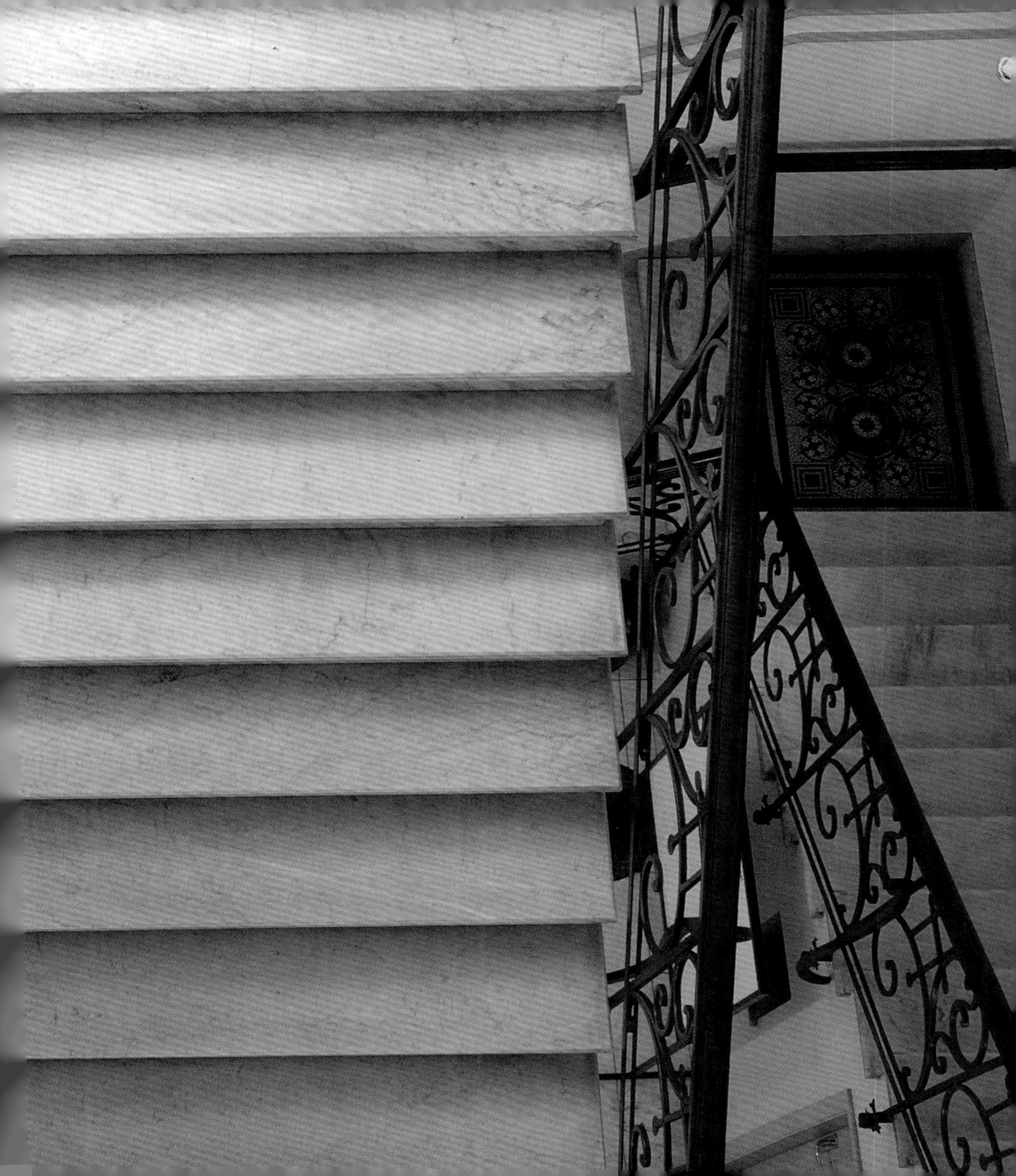

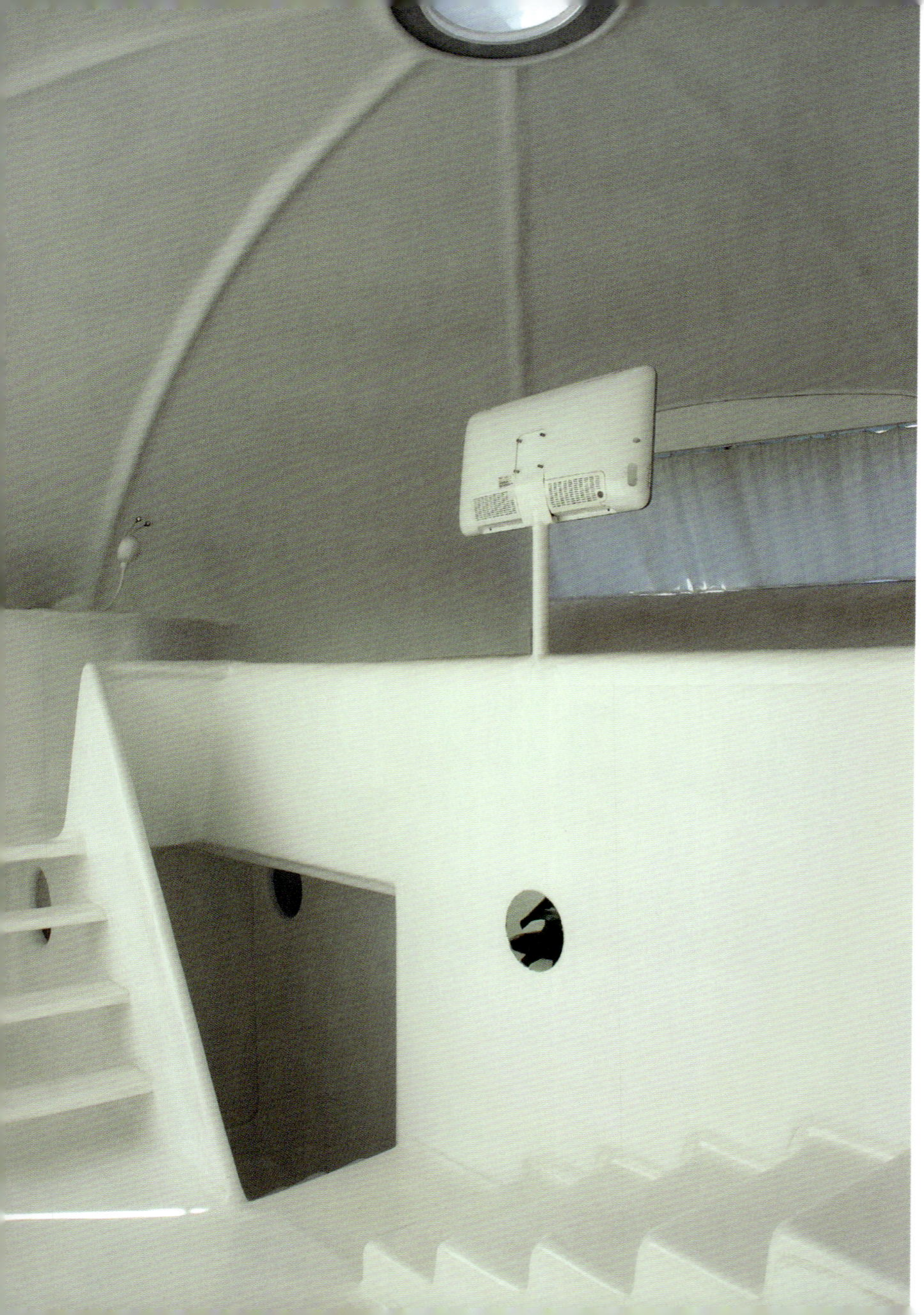

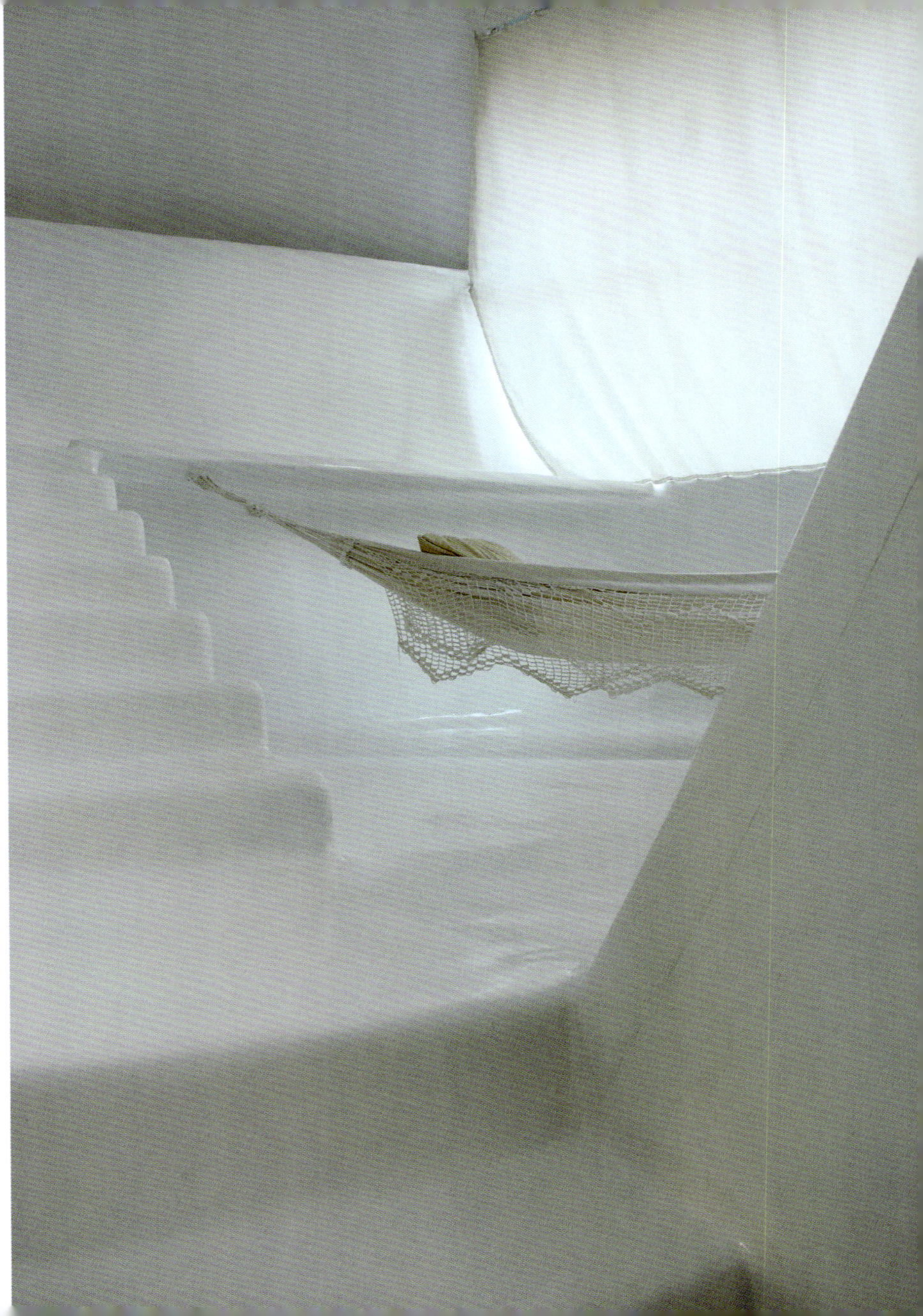

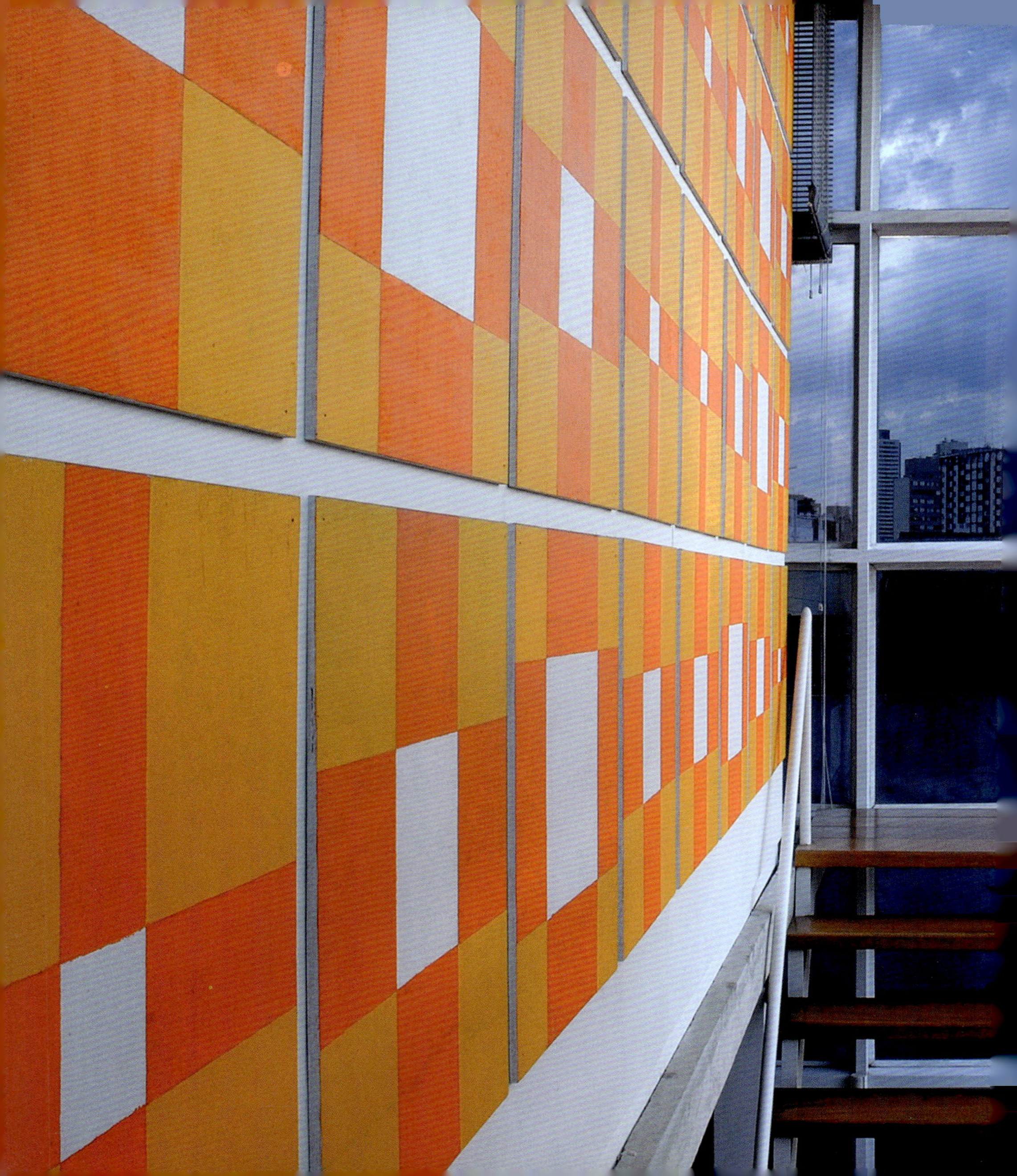

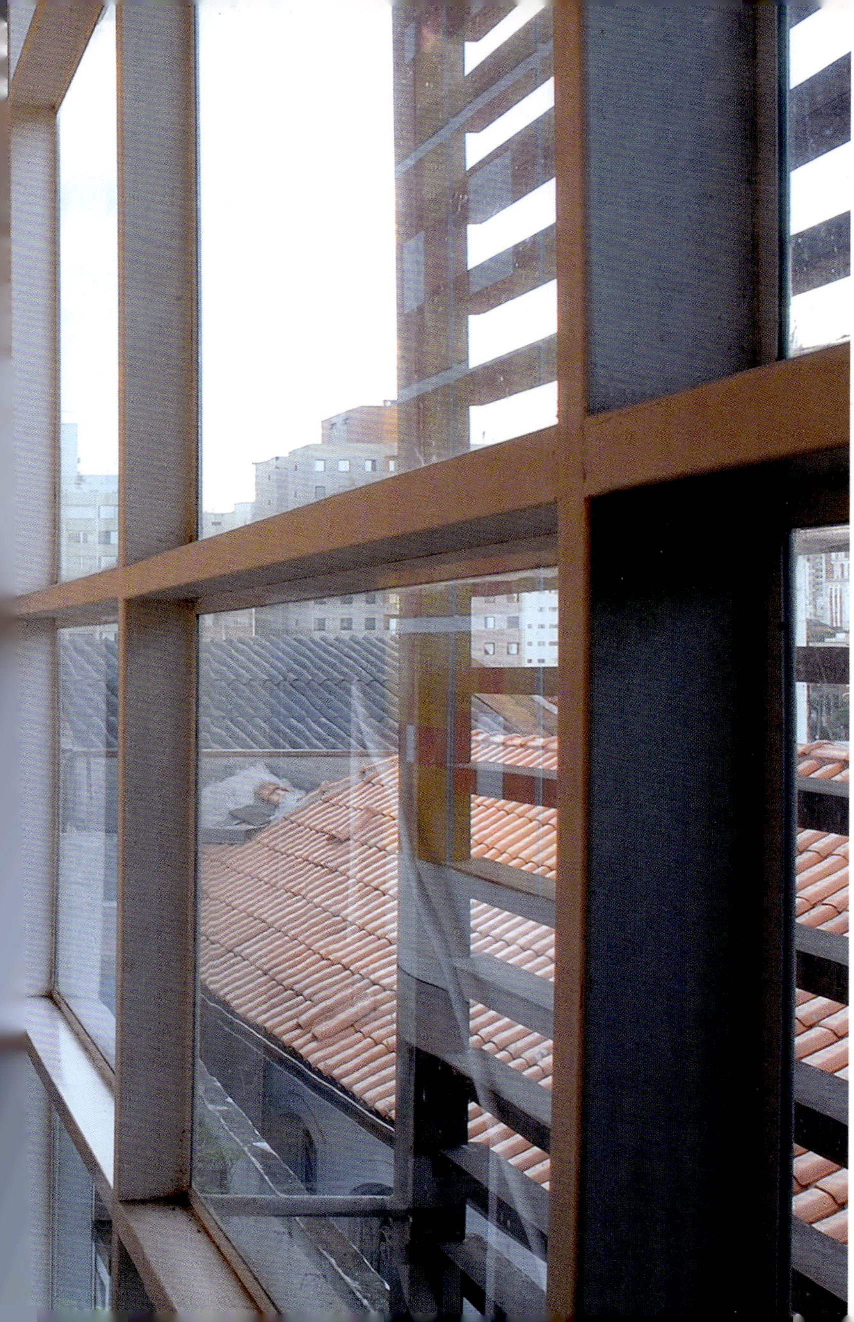

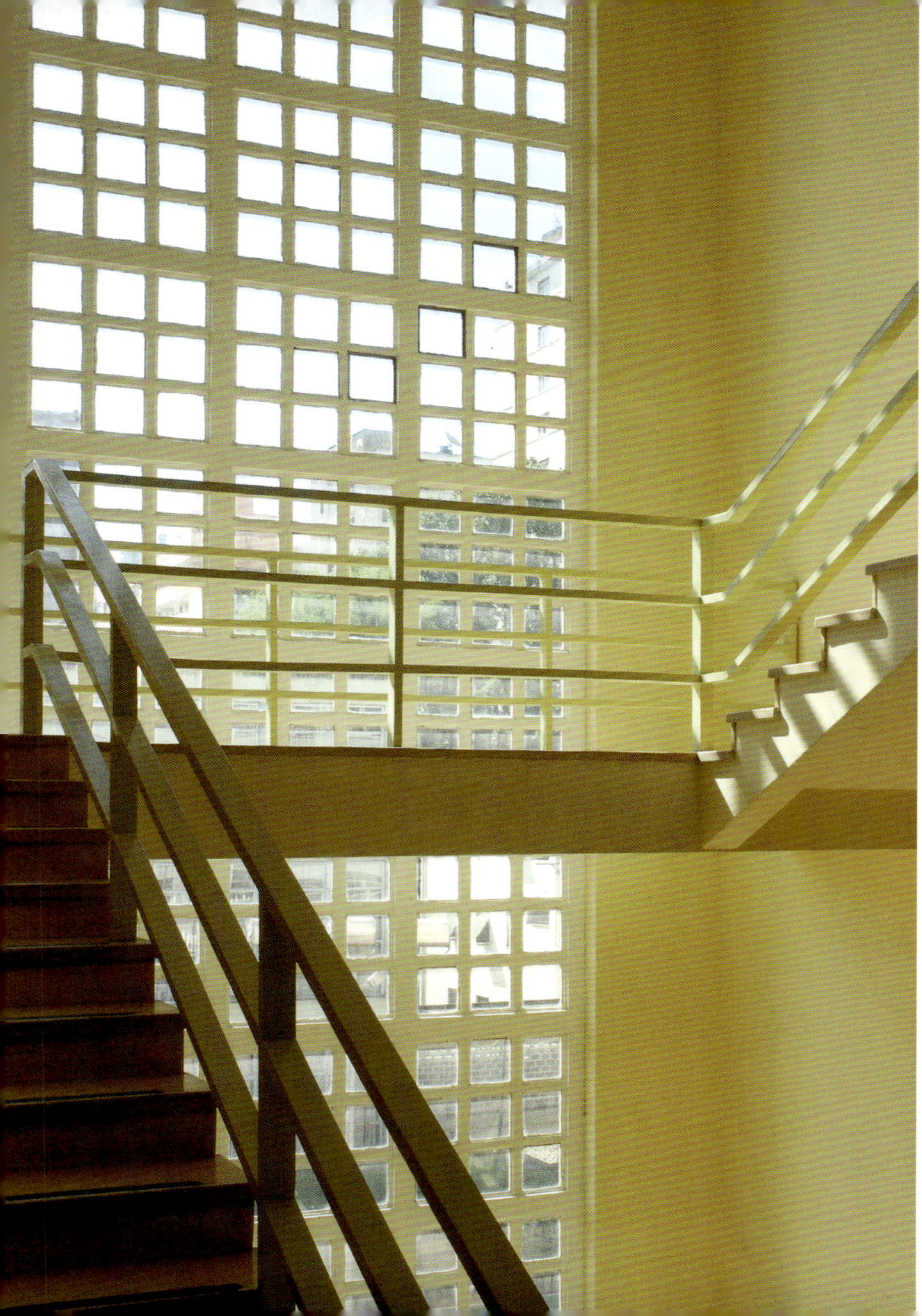

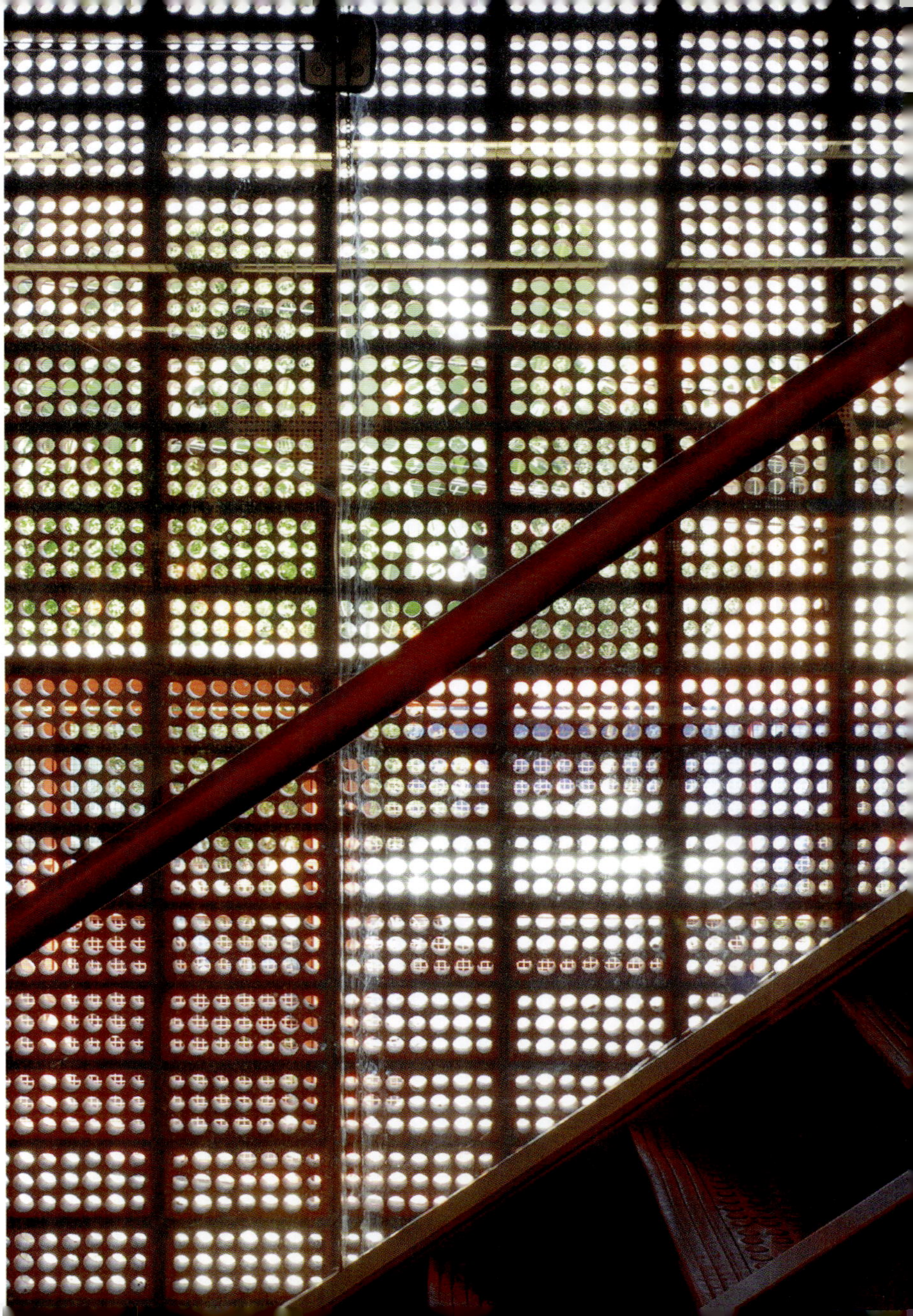

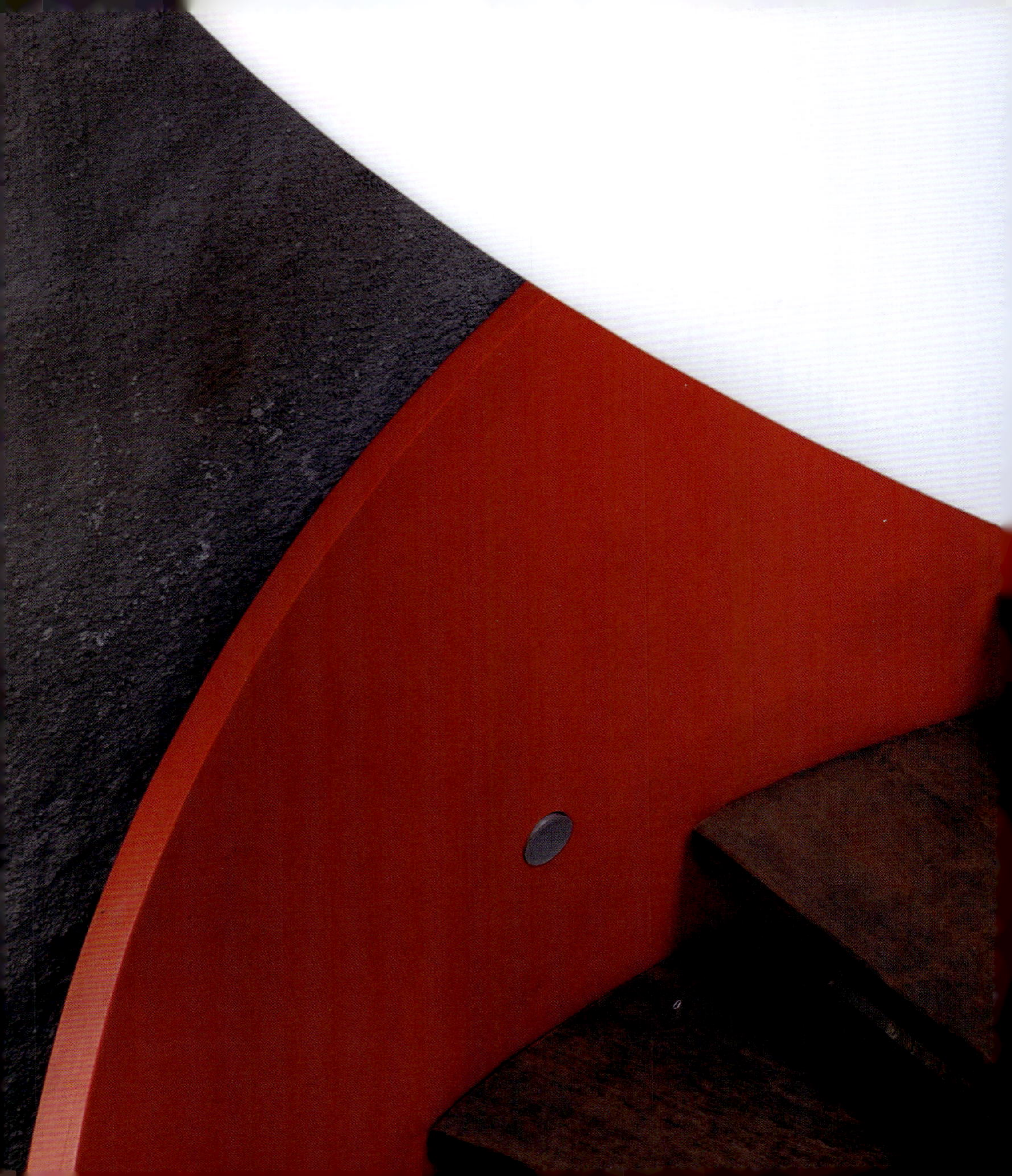

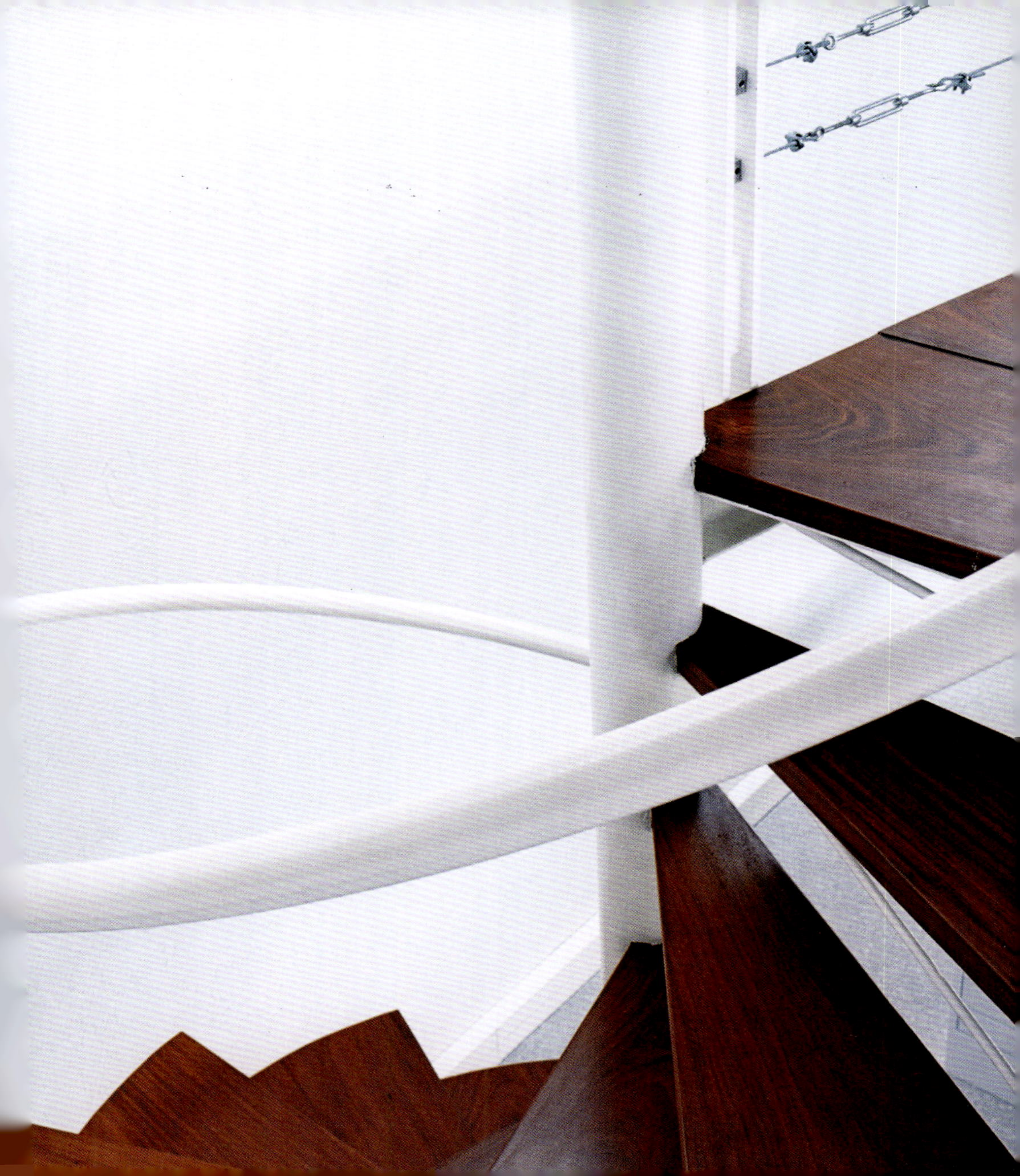

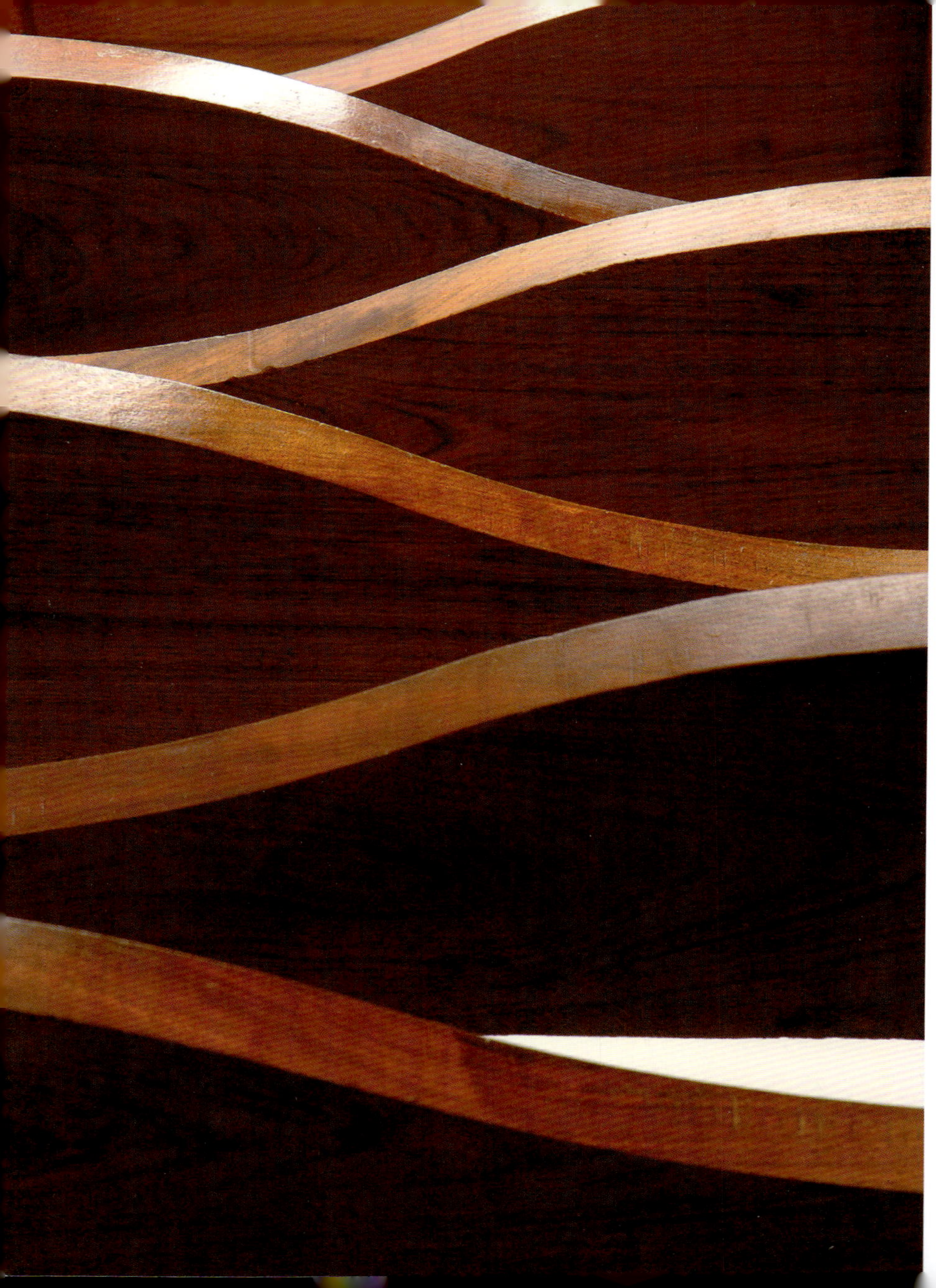

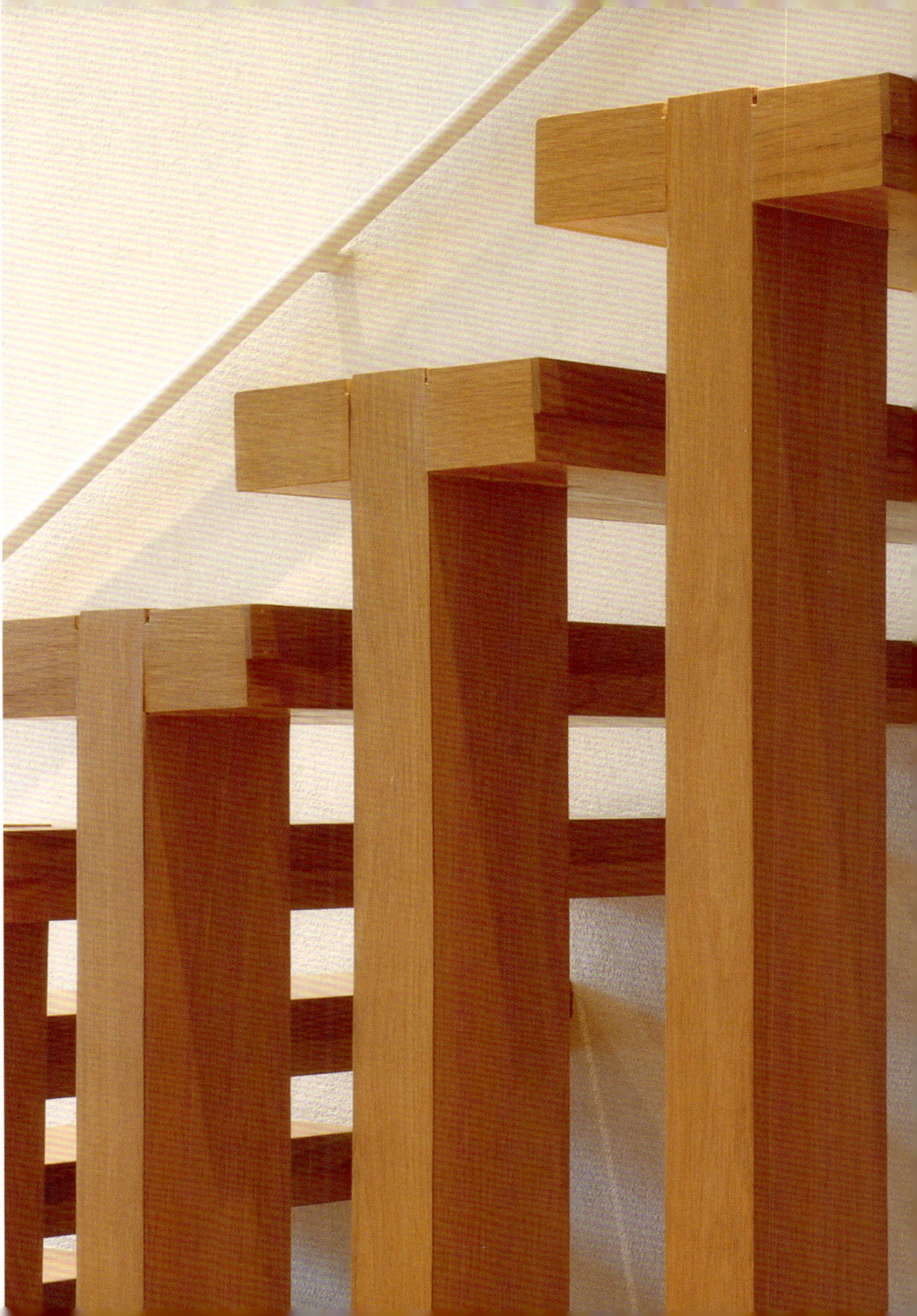

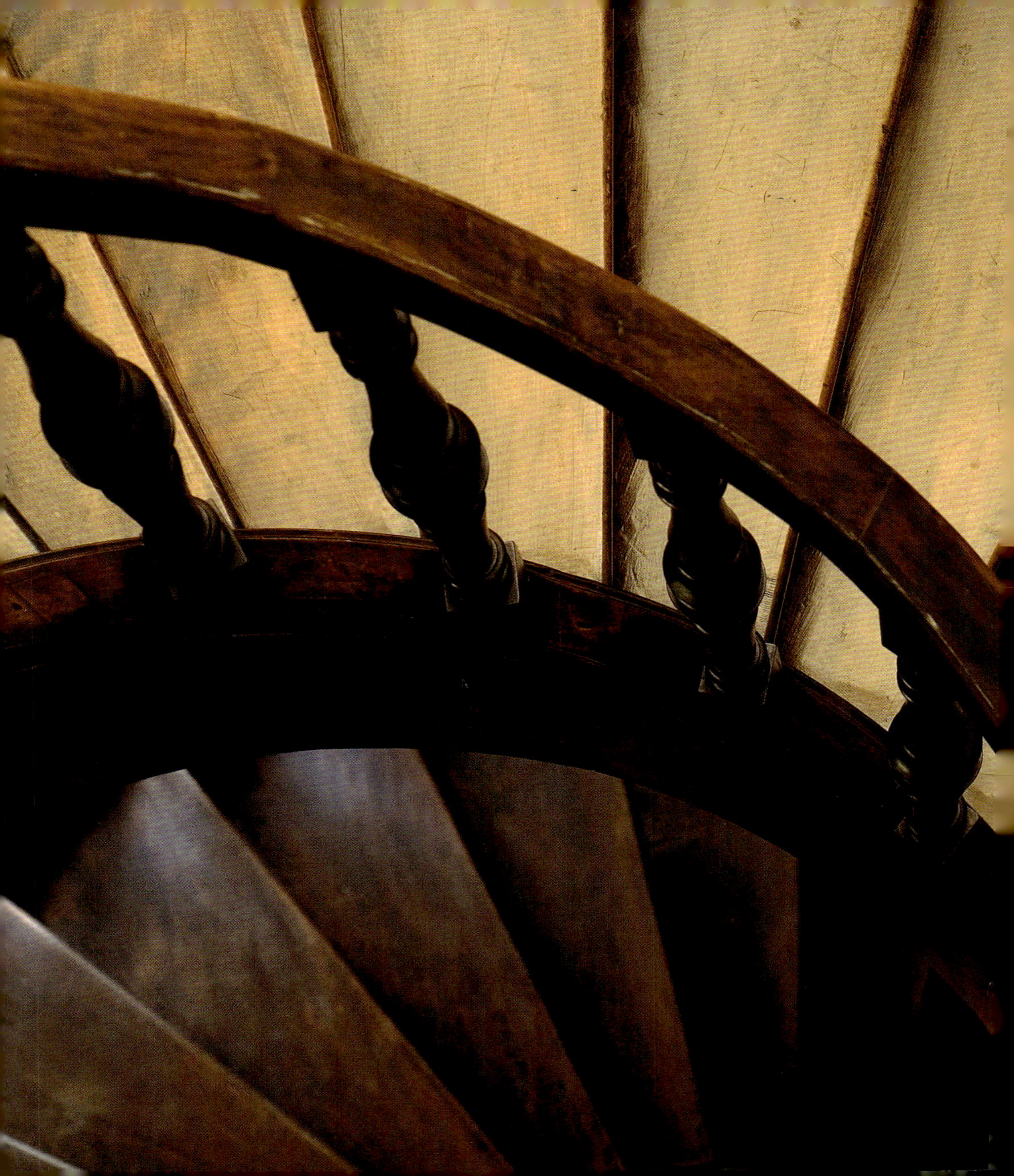

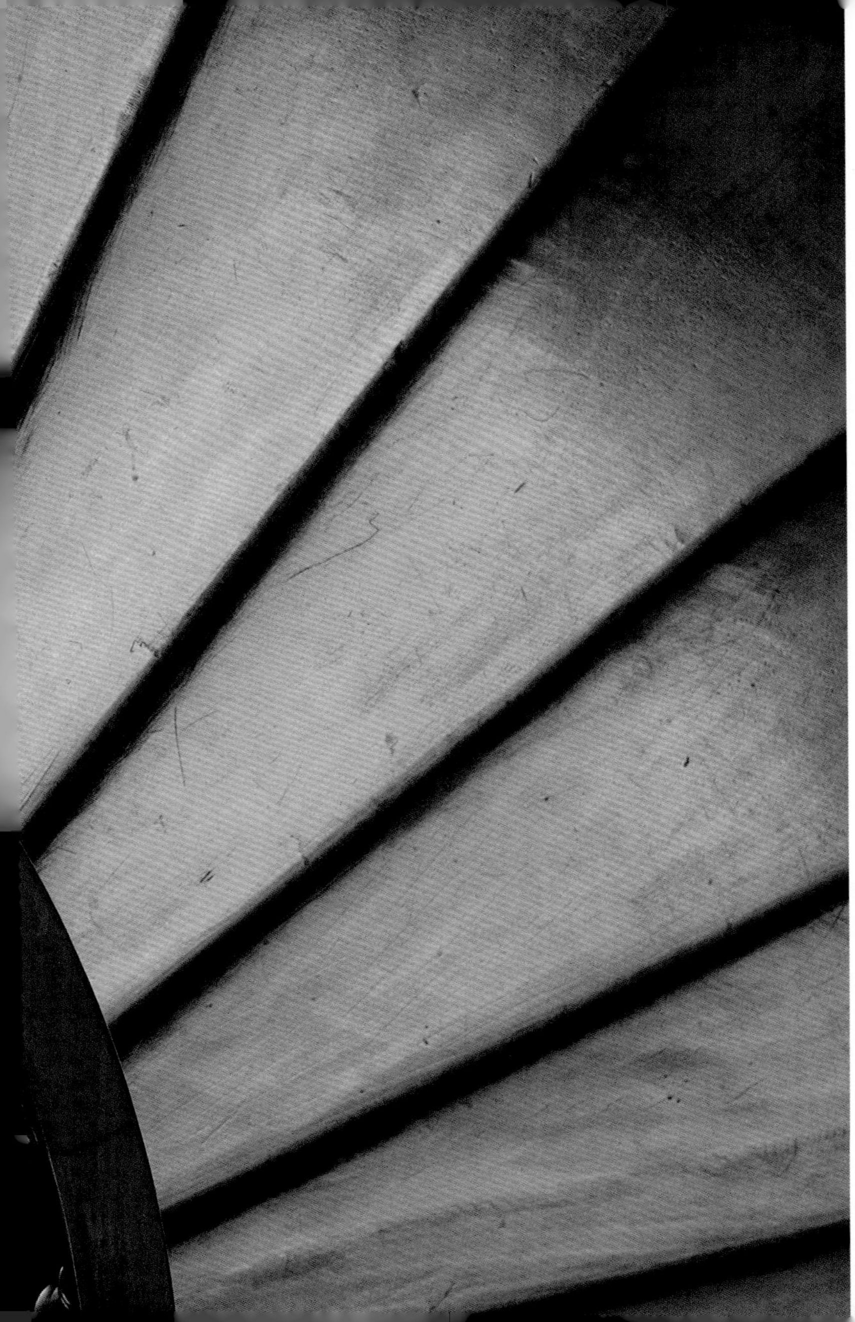

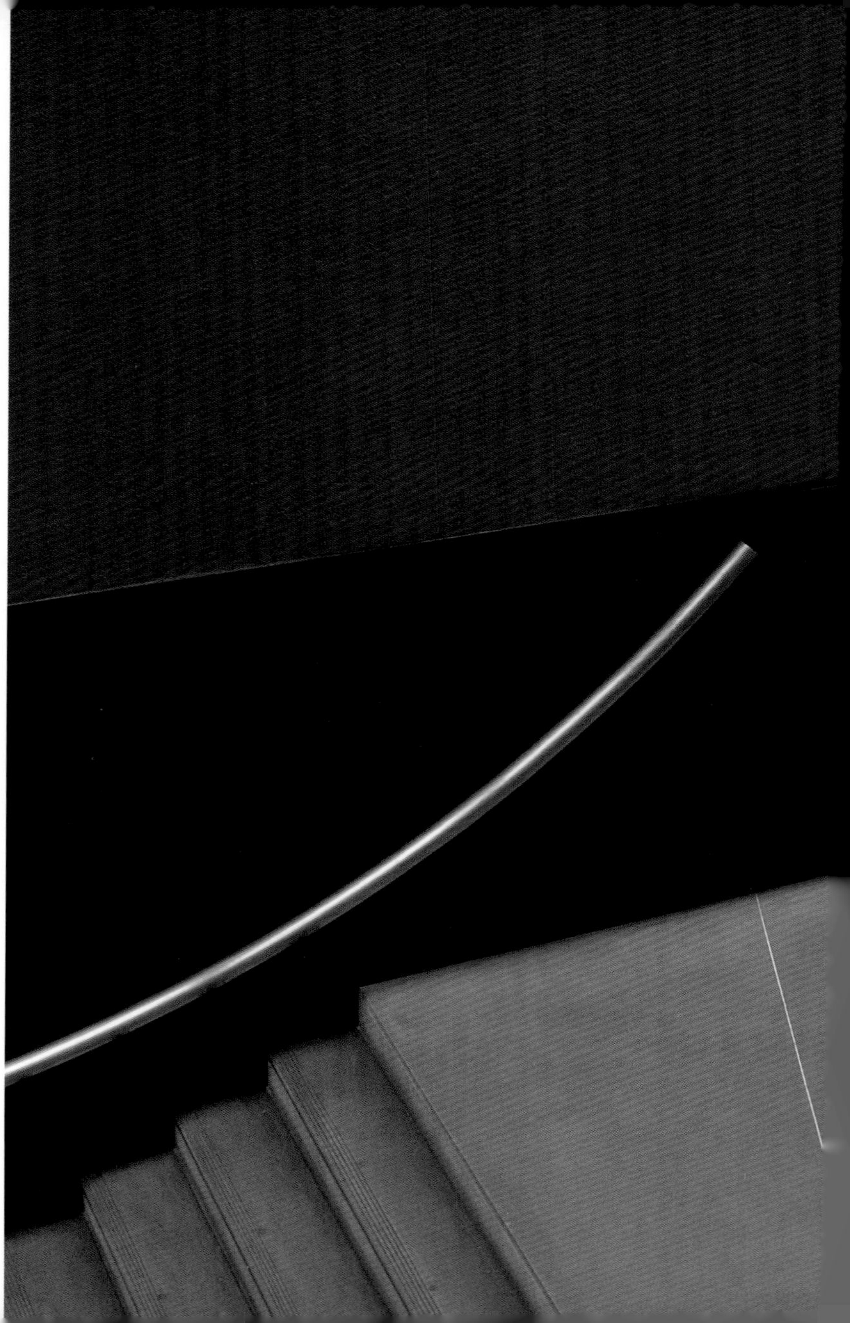

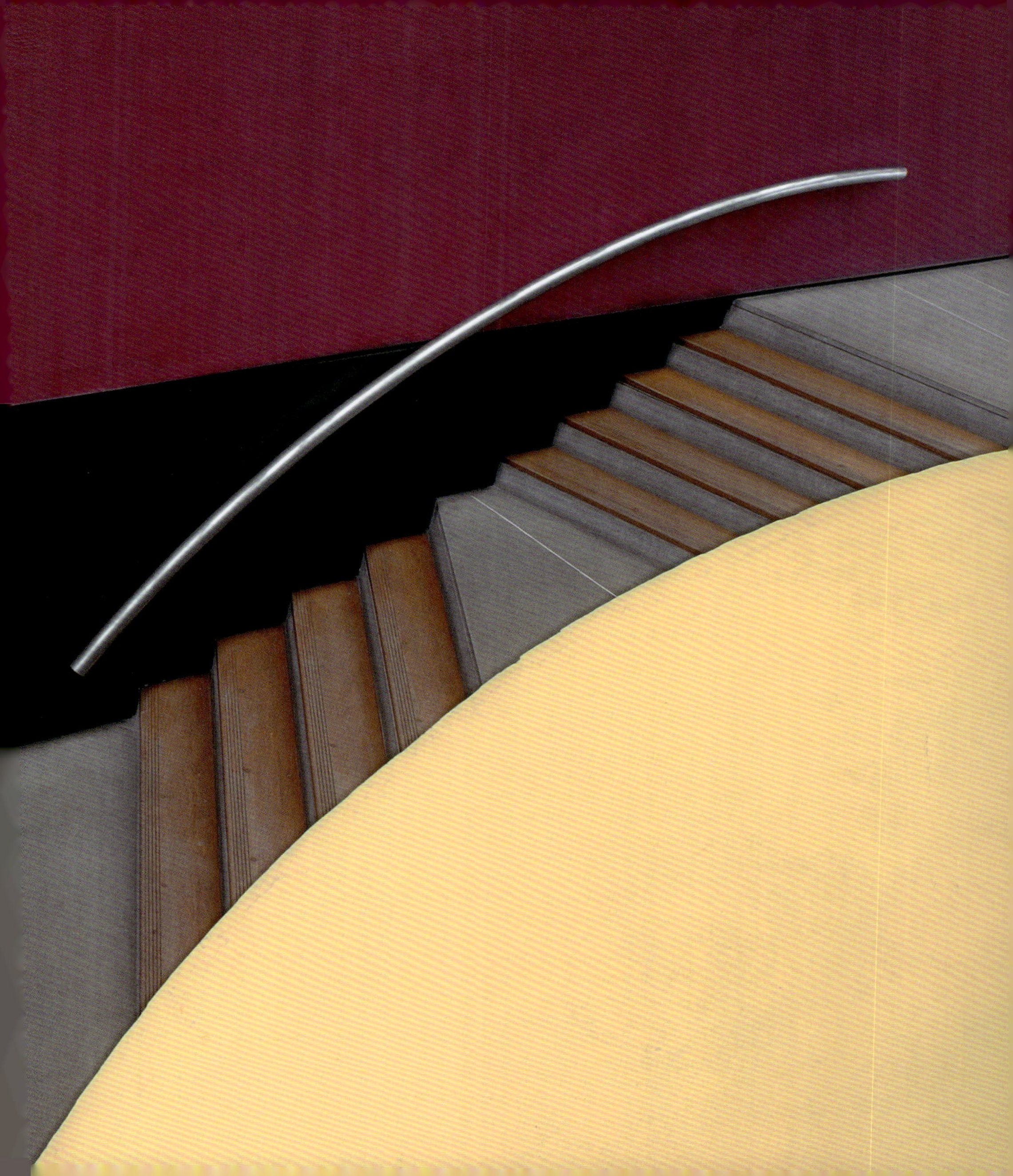

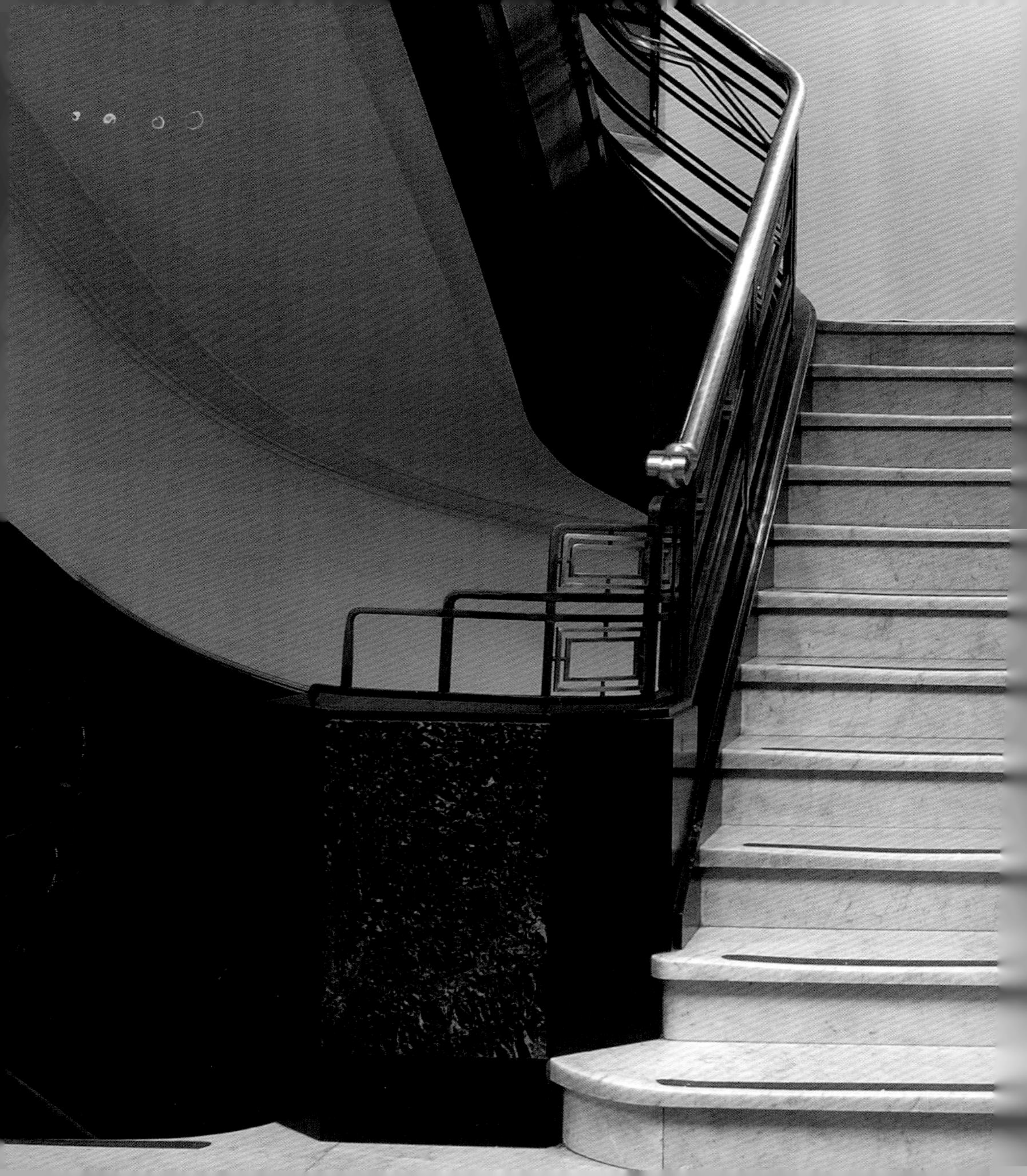

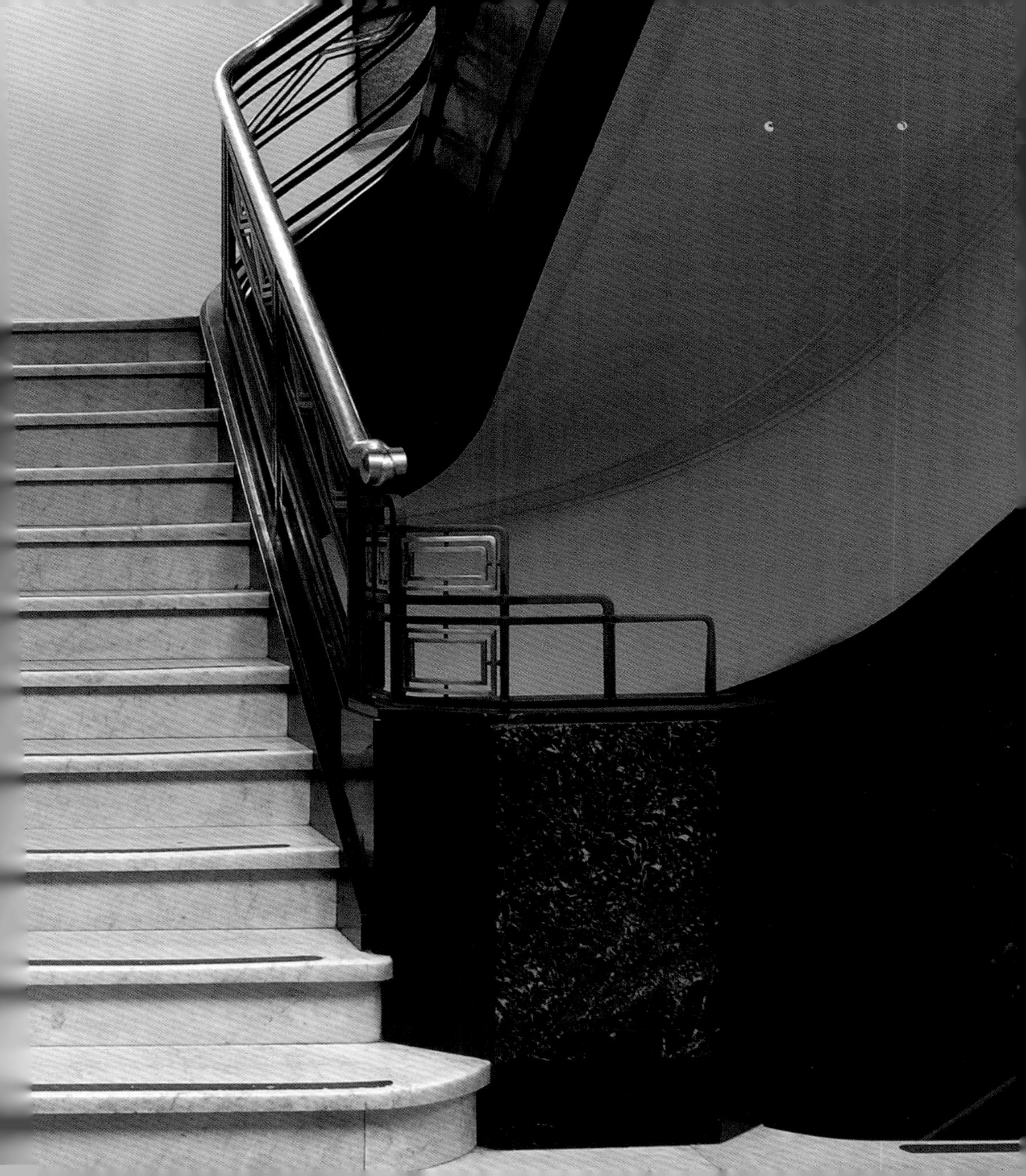

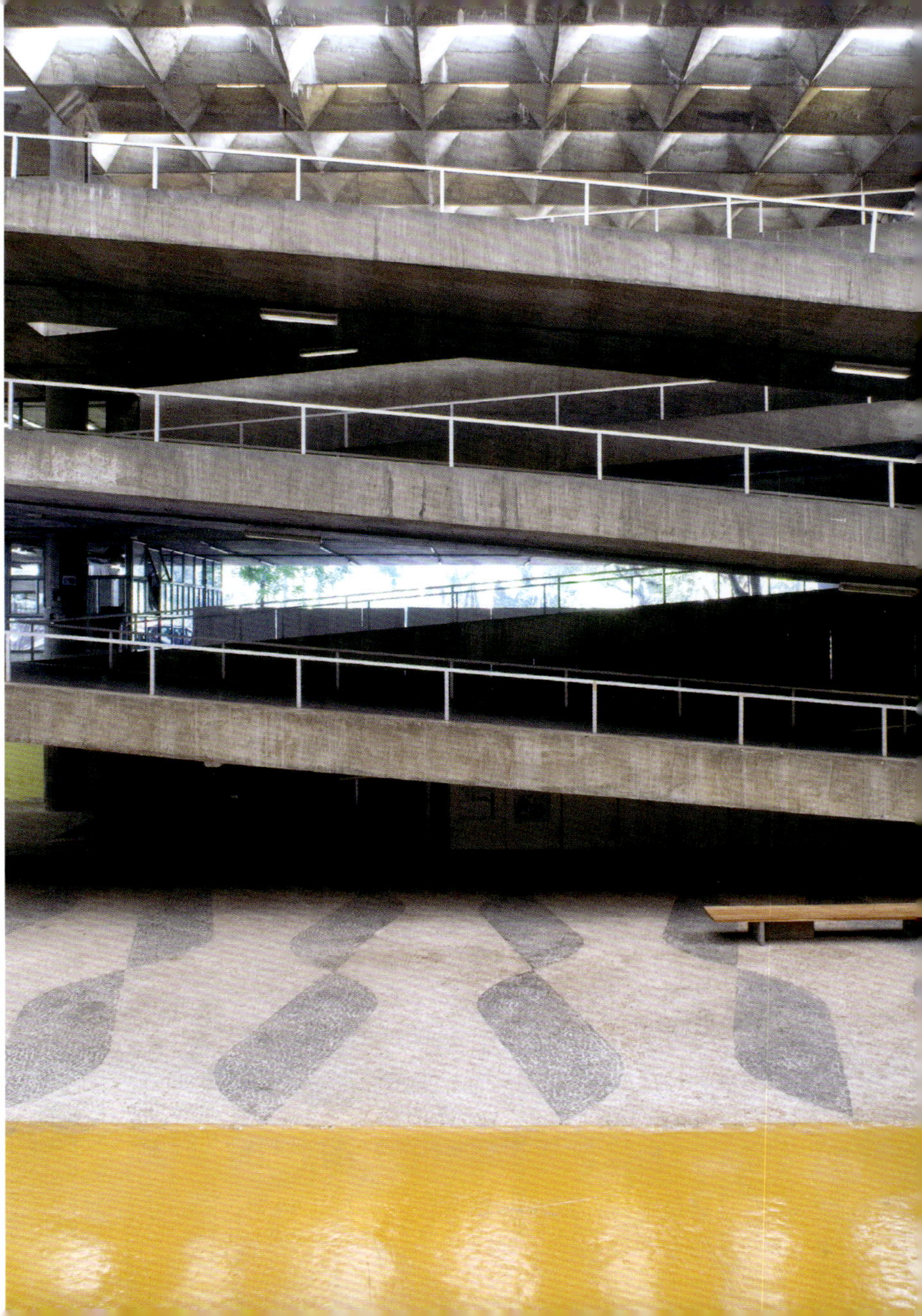

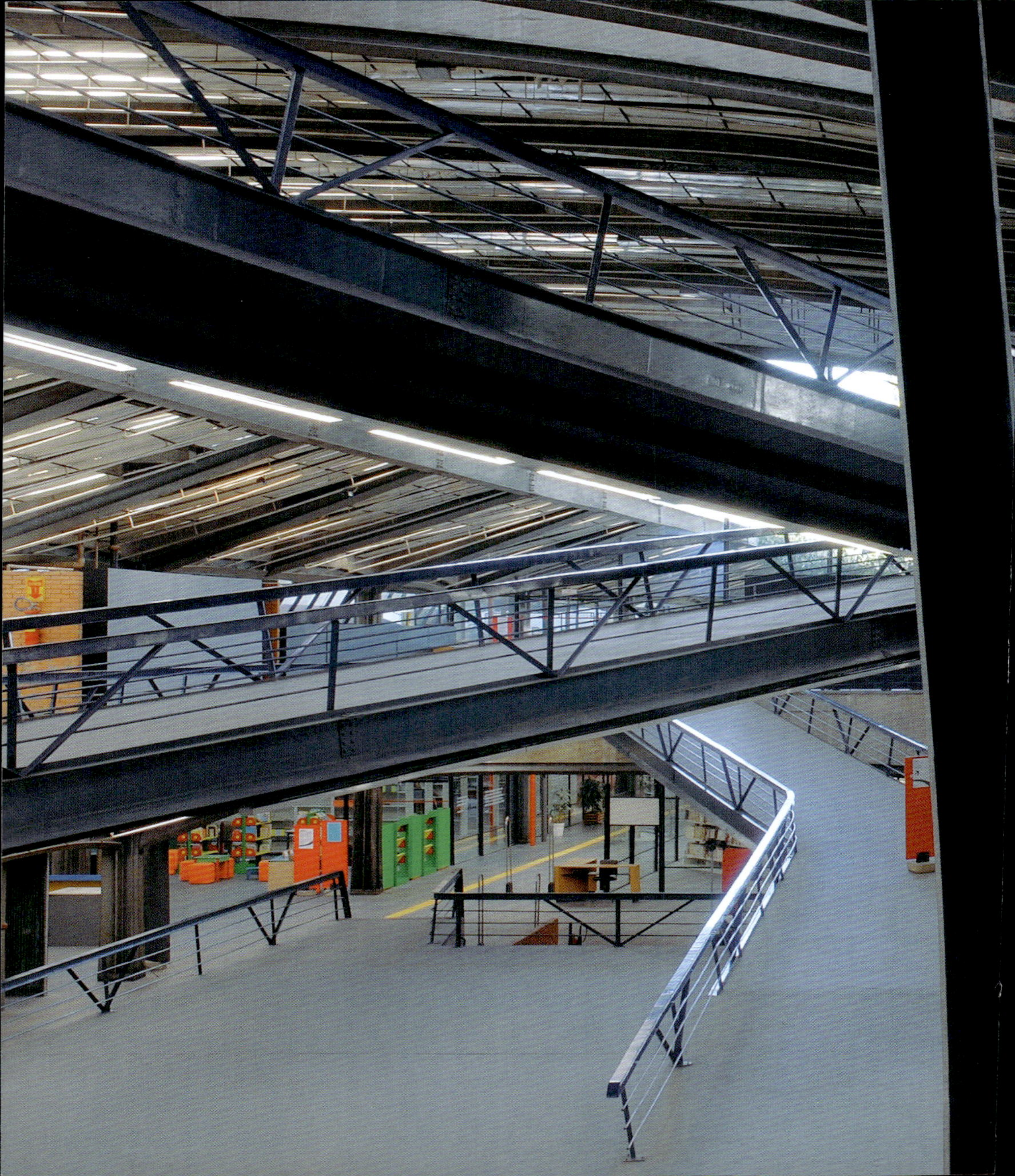

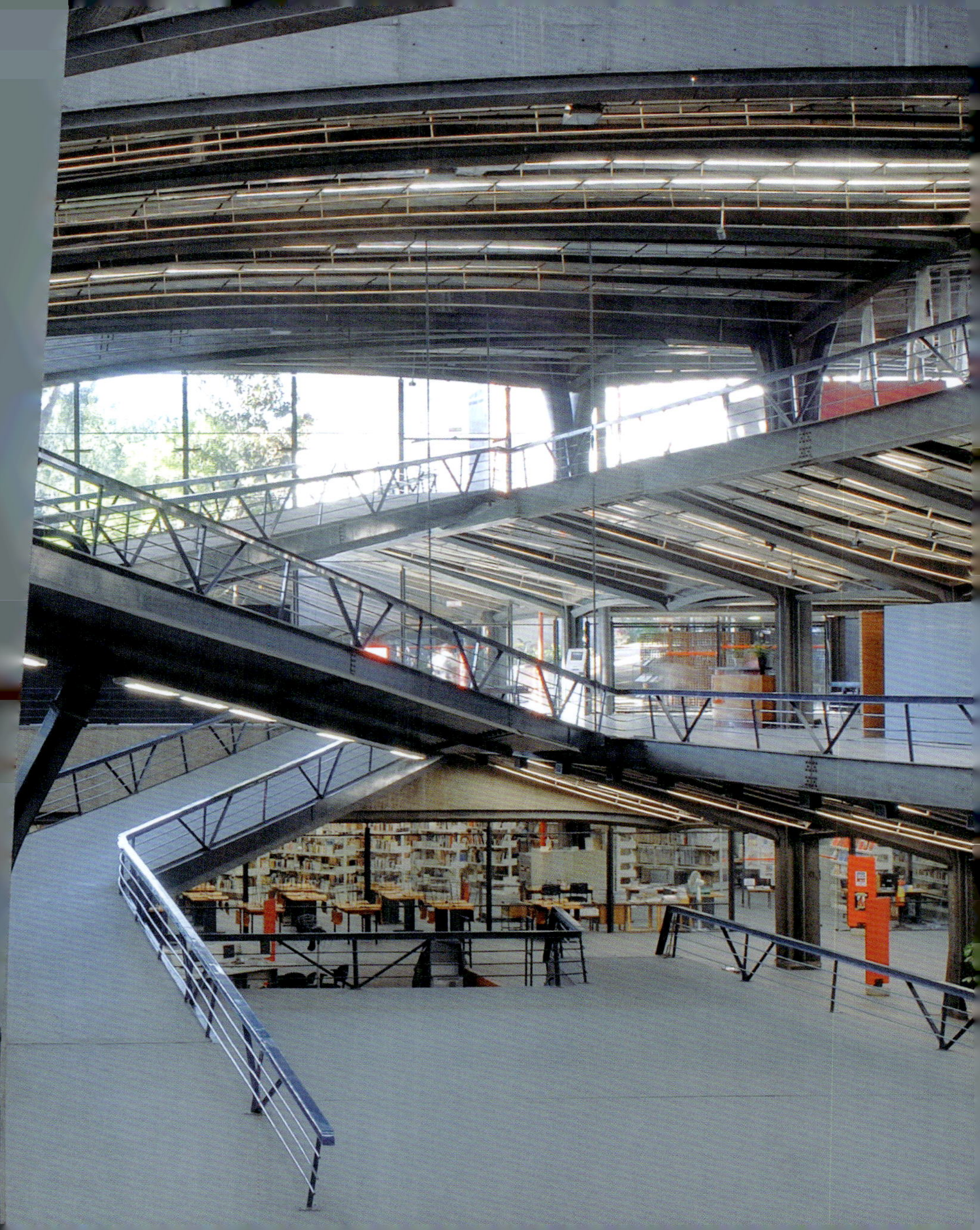

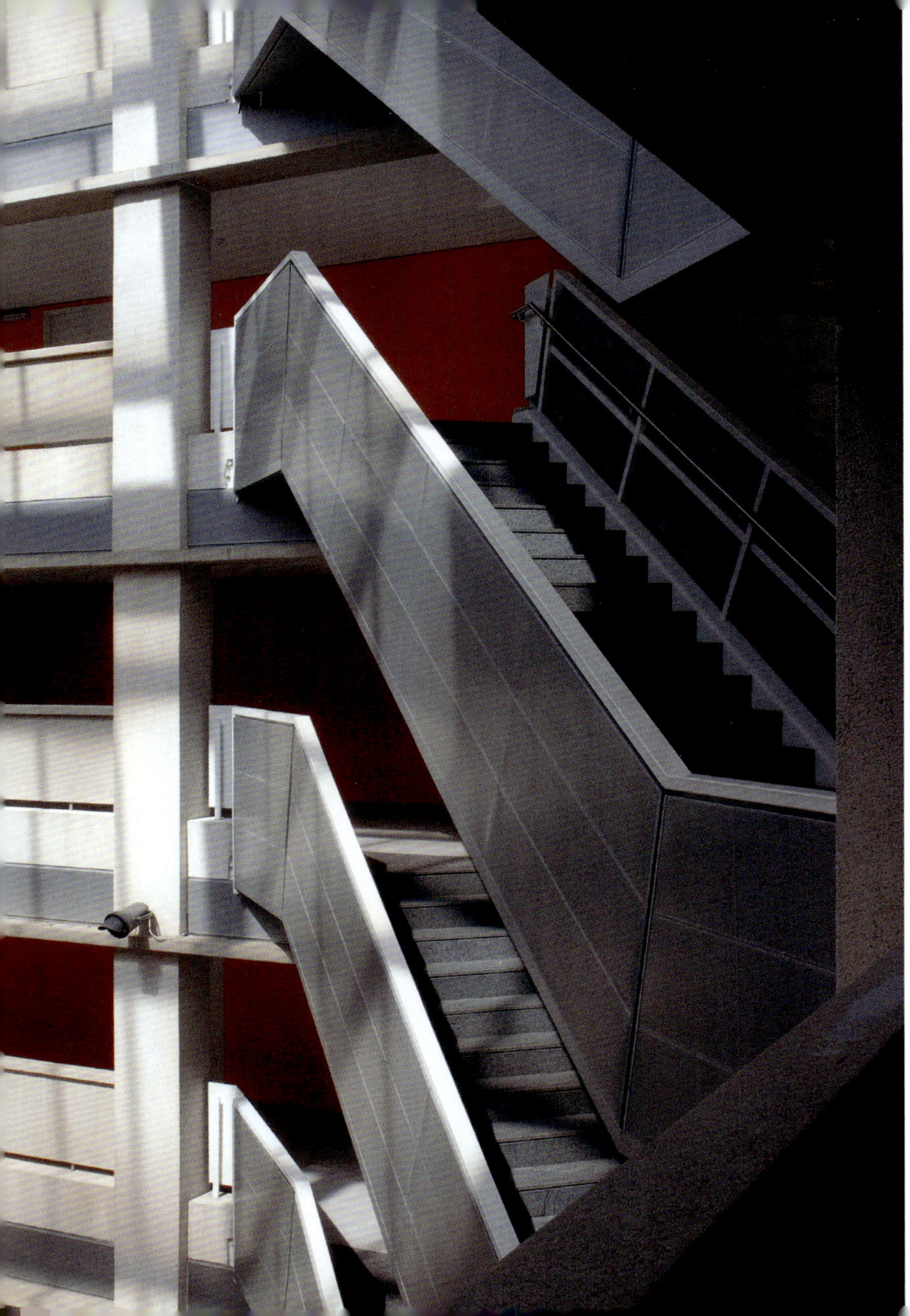

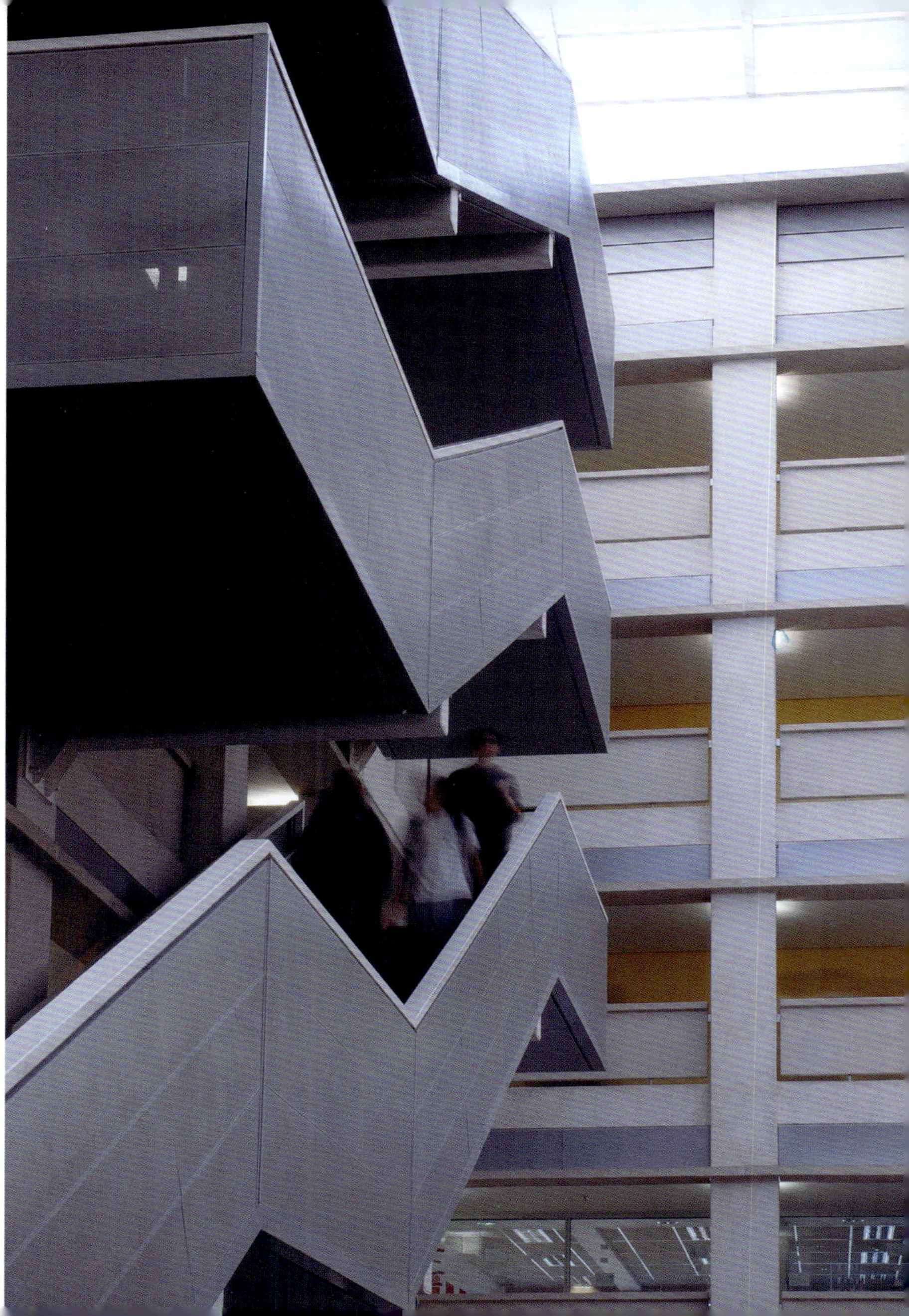

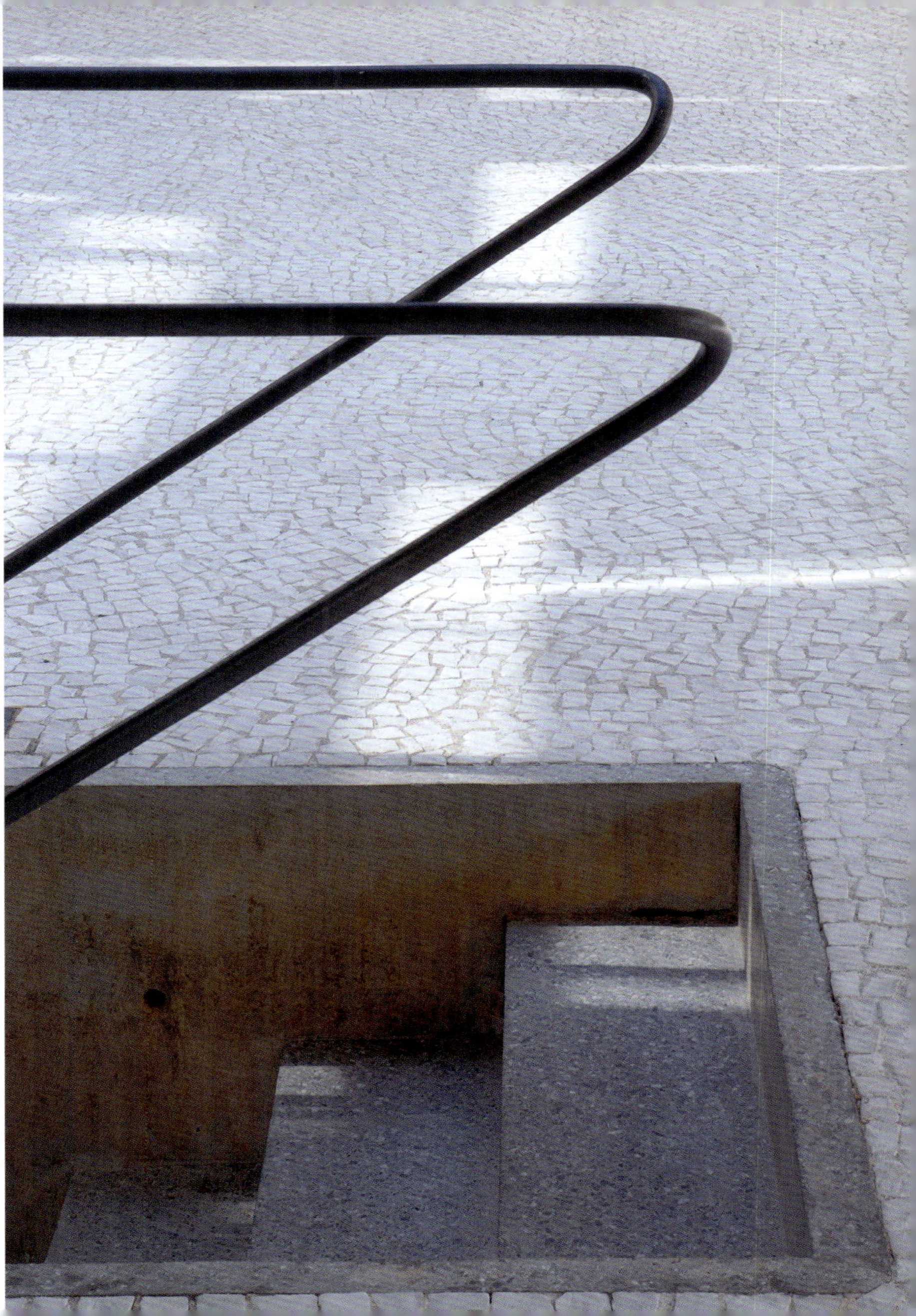

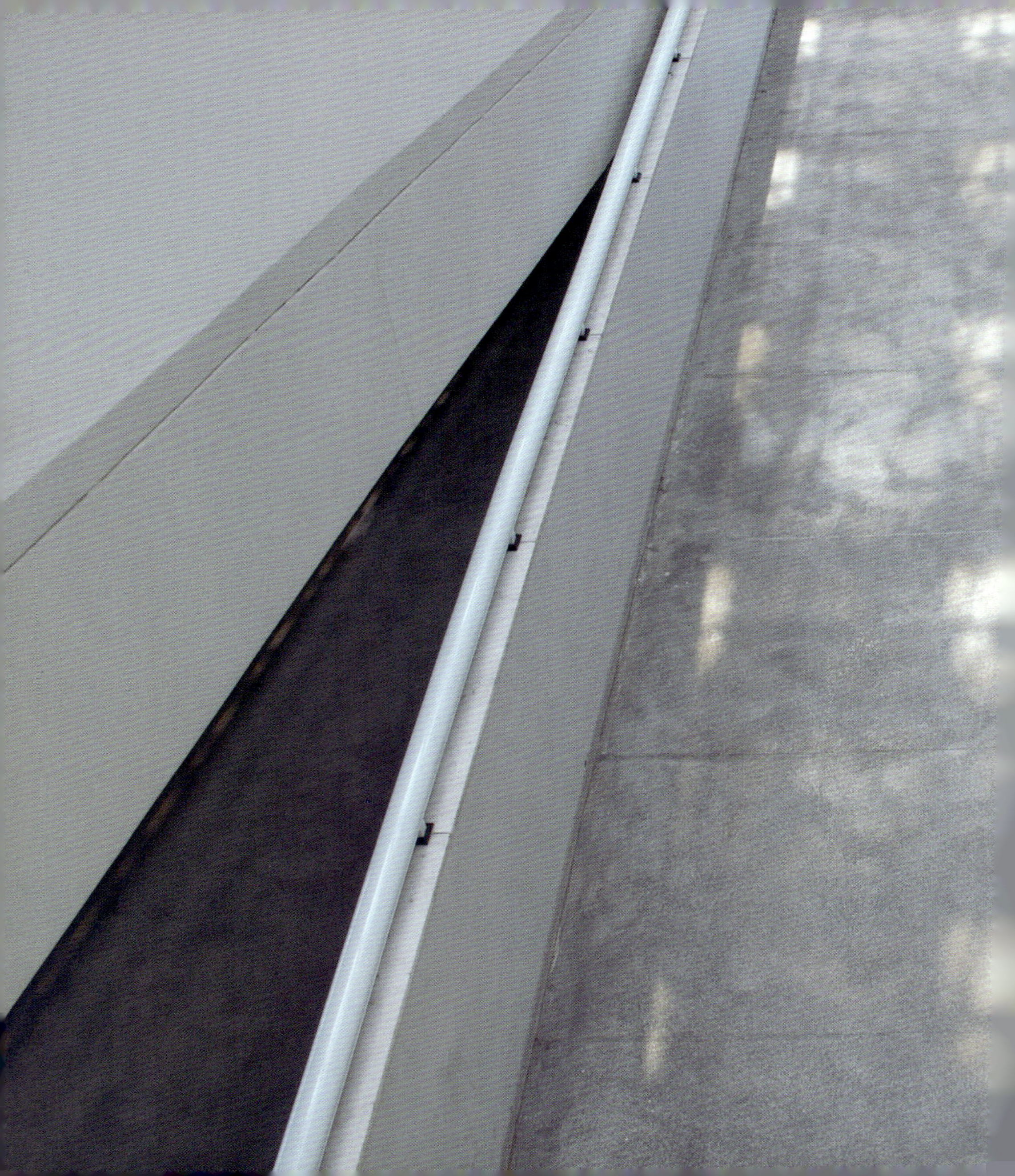

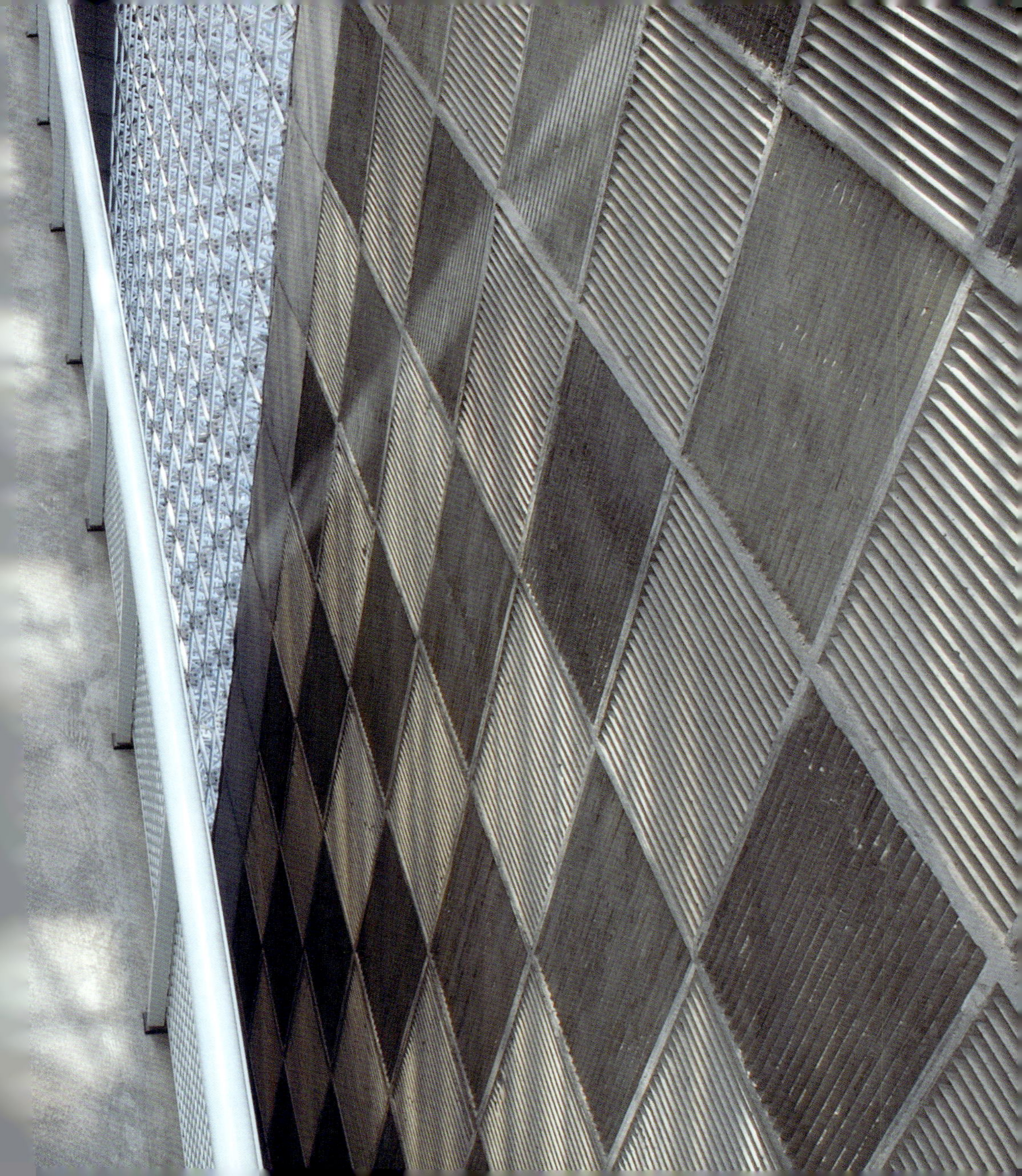

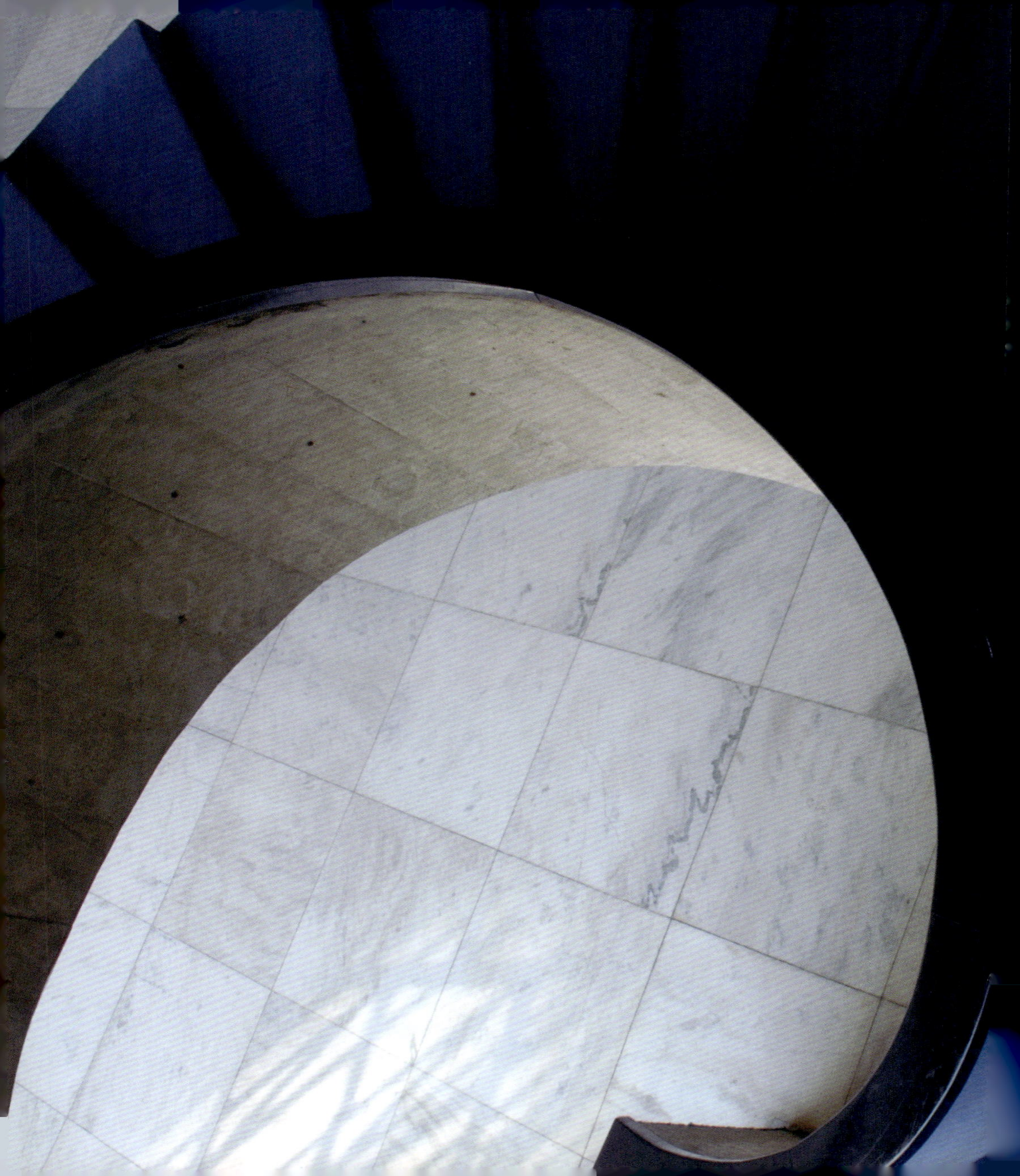

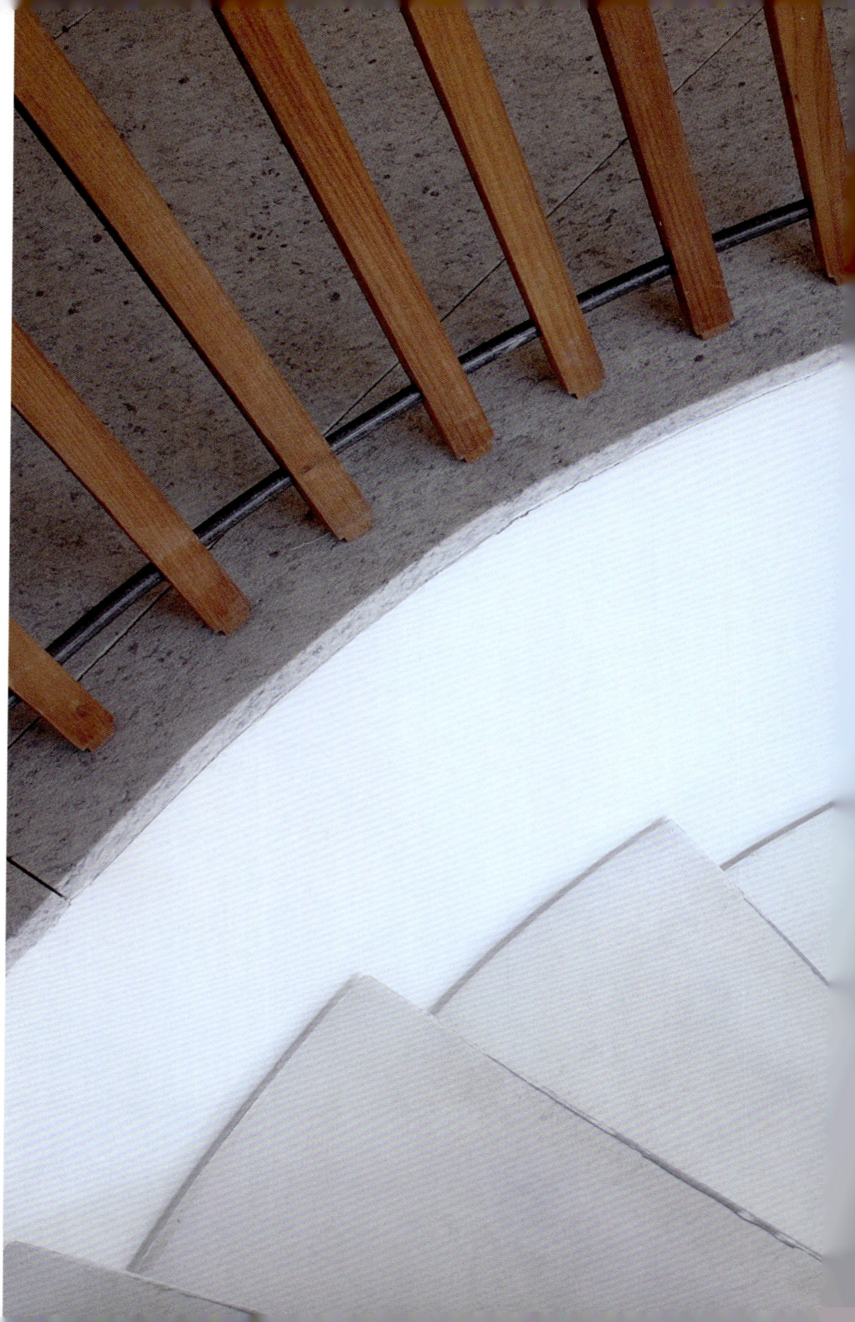

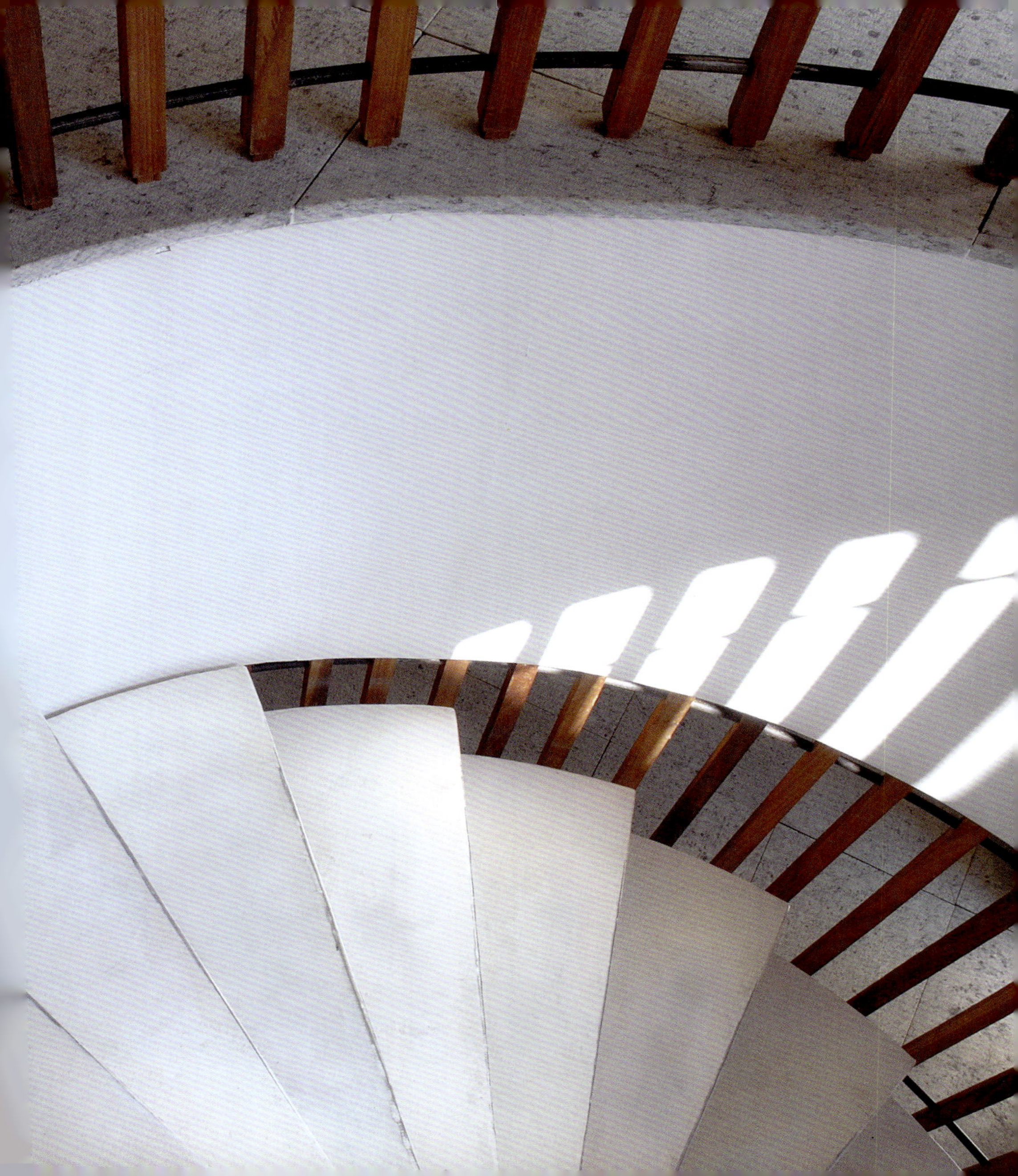

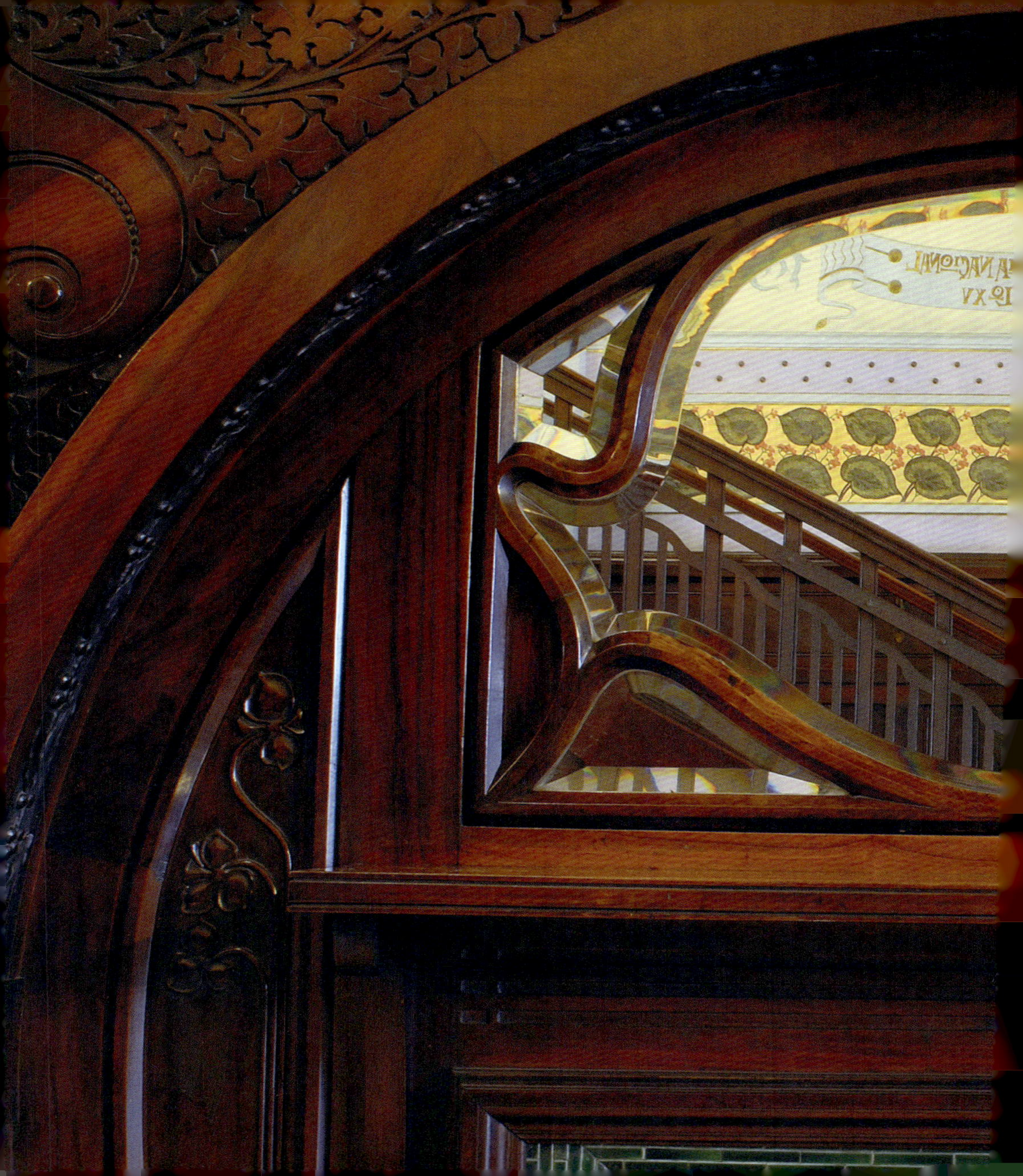

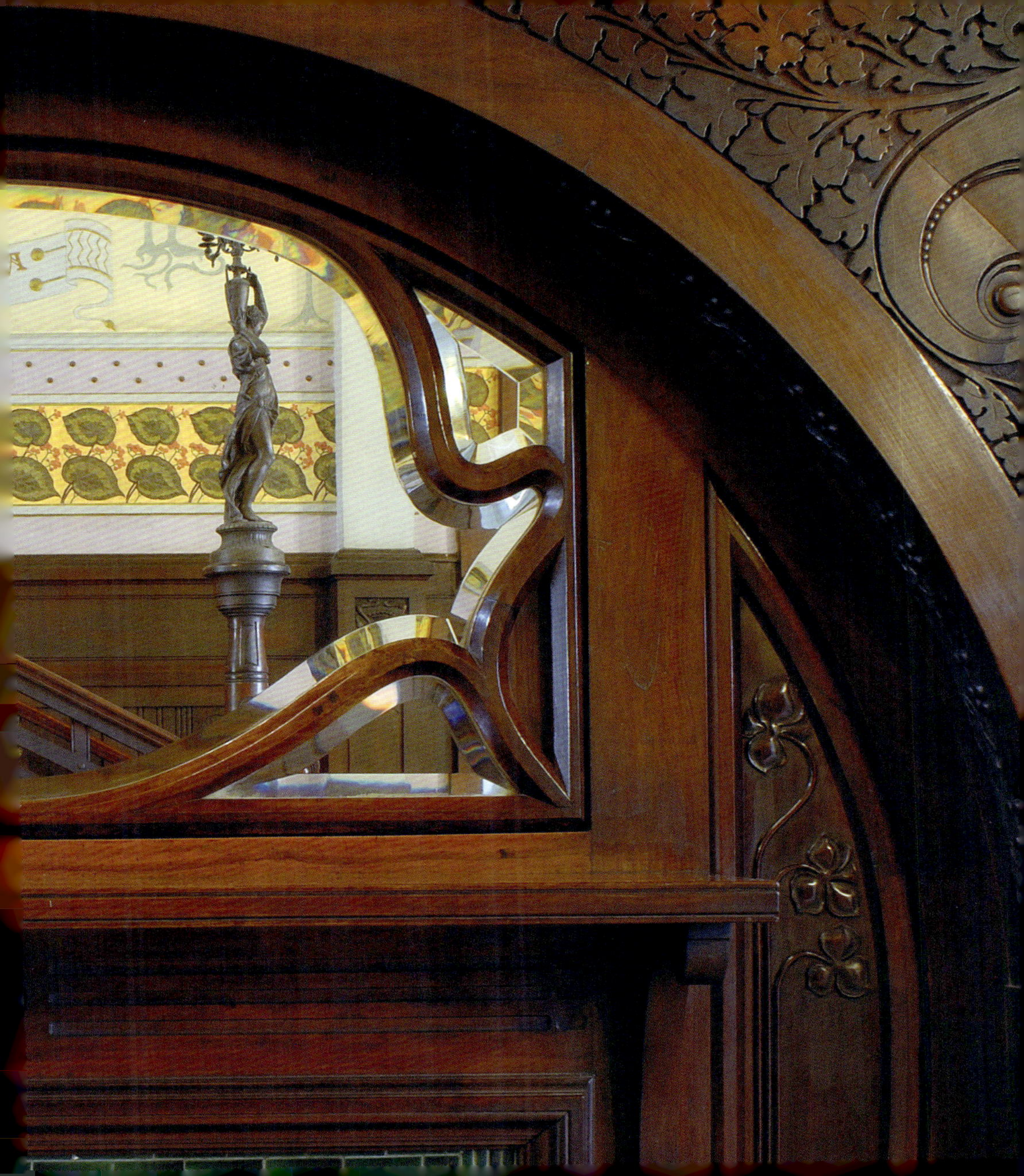

# LEGENDAS DAS IMAGENS

1957
Museu de Arte de São Paulo – MASP
Lina Bo Bardi

1903
Teatro Municipal
Cláudio e Dominiziano Rossi do
Escritório Ramos de Azevedo

1883
Museu Paulista – Ipiranga – USP
Tommaso Gaudenzio Bezzi

2005
Agência Loducca
Triptyque

1987
Memorial da América Latina
Oscar Niemeyer

1925
Estação Júlio Prestes
Christiano Stockler das Neves

1957
Museu de Arte de São Paulo – MASP
Lina Bo Bardi

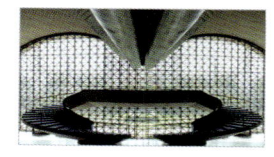

1987
Memorial da América Latina
Oscar Niemeyer

1975
Centro Cultural São Paulo
Eurico Prado Lopes e Luiz Telles

2008
Livraria da Vila do
Shopping Cidade Jardim
Isay Weinfeld

2002
Centro Cultural Maria Antonia
Una Arquitetos

1936
Conjunto de casas
na alameda Min. Rocha Azevedo
Flávio de Carvalho

1932
Faculdade de Direito
do Largo São Francisco - USP
Ricardo Severo

1927
Casa Modernista da rua Santa Cruz
Gregori Warchavchik

1907
Castelinho
Guiseppe Sachetti

1951
Casa de Vidro
Lina Bo Bardi

1928
Casa das Rosas
Ramos de Azevedo

1949
Residência Artigas
Vilanova Artigas

1902
Vila Penteado - FAU Maranhão
Carlos Ekman

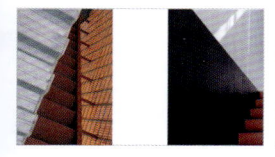

2006
Gráfica VG
NPC Grupo Arquitetura

2004
Residência na City Boaçava
MMBB

2005
Agência Loducca
Triptyque

1995
Instituto Tomie Ohtake
Ruy Ohtake

1938
Jardim Botânico
Bruno Simões Magro

1987
Loja Forma
Paulo Mendes da Rocha

1995
Instituto Tomie Ohtake
Ruy Ohtake

2004
Residência na City Boaçava
MMBB

1985
Estação Santo Amaro
João Walter Toscano

1936
Edifício Esther
Álvaro Vital Brasil e
Adhemar Martinho

2003
Residência no Sumaré
Isay Weinfeld

1905
Escola de Comércio
Álvares Penteado – FECAP
Carlos Ekman

2006
Agência de publicidade MPM
Bernardes+Jacobsen

1883
Museu Paulista – Ipiranga -USP
Tommaso Gaudenzio Bezzi

1999
Centro Cultural Banco do Brasil
Luiz Telles

1905
Escola de Comércio
Álvares Penteado – FECAP
Carlos Ekman

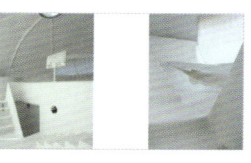

1903
Teatro Municipal
Cláudio e Dominiziano Rossi do
Escritório Ramos de Azevedo

1981
Casa Bola
Eduardo Longo

1935
Caixa Econômica Federal
Agência Sé
Albuquerque & Longo

2002
Residência na Vila Madalena
Nave Arquitetura

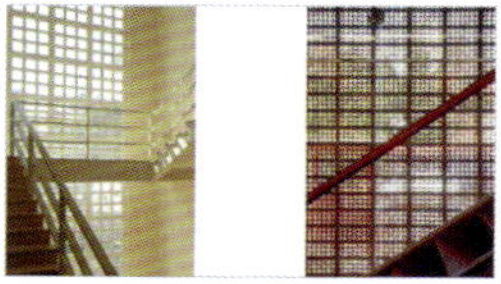

1936
Edifício Esther
Álvaro Vital Brasil e
Adhemar Martinho

1940
Sedes Sapientiae
Rino Levi

2006
Gráfica VG
NPC Grupo Arquitetura

2005
Residência EN
Bernardes+Jacobsen

2003
Residência no Sumaré
Isay Weinfeld

1999
Edifício comercial na rua Santonina
Reinach Mendonça

1962
Faculdade de Arquitetura e Urbanismo
Vilanova Artigas

1988
Vila Butantã
Marcos Acayaba

1999
Loja na al. Gabriel Monteiro da Silva
Arthur de Mattos Casas

1975
Centro Cultural São Paulo
Eurico Prado Lopes e Luiz Telles

1883
Museu Paulista – Ipiranga – USP
Tommaso Gaudenzio Bezzi

1999
ETEC – Parque da Juventude antigo Pavilhão 7 do Carandiru
Aflalo & Gasperini

1995
Instituto Tomie Ohtake
Ruy Ohtake

2004
Residência no City Boaçava
MMBB

1935
Caixa Econômica Federal Agência Sé
Albuquerque & Longo

1992
Fórum Trabalhista
Décio Tozzi e Karla Albuquerque

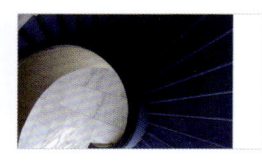

1987
Memorial da América Latina
Oscar Niemeyer

2006
Agência de publicidade MPM
Bernardes+Jacobsen

1902
Vila Penteado – FAU Maranhão
Carlos Ekman

## ESCADAS E RAMPAS POR DATA DE PROJETO

| | | |
|---|---|---|
| 1883 | TOMMASO GAUDENZIO BEZZI | Museu Paulista - Ipiranga - USP |
| 1902 | CARLOS EKMAN | Vila Penteado, atual FAU-Maranhão |
| 1903 | CLÁUDIO E DOMINIZIANO ROSSI DO ESCRITÓRIO RAMOS DE AZEVEDO | Teatro Municipal |
| 1905 | CARLOS EKMAN | Escola de Comércio Álvares Penteado - FECAP |
| 1907 | GIUSEPPE SACHETTI | Castelinho |
| 1925 | CHRISTIANO STOCKLER DAS NEVES | Estação Júlio Prestes |
| 1927 | GREGORI WARCHAVCHIK | Casa Modernista |
| 1928 | ESCRITÓRIO RAMOS DE AZEVEDO | Casa das Rosas |
| 1932 | RICARDO SEVERO | Faculdade de Direito do Largo São Francisco - USP |
| 1935 | ALBUQUERQUE & LONGO | Caixa Econômica Federal – Agência Sé |
| 1936 | FLÁVIO DE CARVALHO | Conjunto de casas na rua Ministro Rocha Azevedo |
| | ÁLVARO VITAL BRASIL E ADHEMAR MARTINHO | Edifício Esther |
| 1938 | BRUNO SIMÕES MAGRO | Jardim Botânico |
| 1940 | RINO LEVI | Sedes Sapientiae |
| 1949 | VILANOVA ARTIGAS | Residência Artigas |
| 1951 | LINA BO BARDI | Casa de Vidro |
| 1957 | LINA BO BARDI | Museu de Arte de São Paulo - o MASP |
| 1962 | VILANOVA ARTIGAS | Faculdade de Arquitetura e Urbanismo da USP |
| 1975 | EURICO PRADO LOPES E LUIZ TELLES | Centro Cultural São Paulo |
| 1981 | EDUARDO LONGO | Casa Bola |
| 1985 | JOÃO WALTER TOSCANO | Estação Santo Amaro |
| 1987 | PAULO MENDES DA ROCHA | Loja Forma |
| | OSCAR NIEMEYER | Memorial da América Latina |
| 1988 | MARCOS ACAYABA | Vila Butantã |
| 1992 | DÉCIO TOZZI E KARLA ALBUQUERQUE | Fórum Trabalhista |
| 1995 | RUY OHTAKE | Instituto Tomie Ohtake |
| 1999 | ARTHUR DE MATTOS CASAS | Loja na alameda Gabriel Monteiro da Silva |
| | REINACH MENDONÇA | Edifício comercial na rua Santonina |
| | AFLALO & GASPERINI | ETEC- Parque da Juventude, antigo Pavilhão 7 do Carandiru |
| | LUIZ TELLES | Centro Cultural Banco do Brasil |
| 2002 | UNA ARQUITETOS | Centro Cultural Maria Antonia |
| | NAVE ARQUITETURA | Residência na Vila Madalena |
| 2003 | ISAY WEINFELD | Residência no Sumaré |
| 2004 | MMBB | Residência na City Boaçava |
| 2005 | TRIPTYQUE | Agência de publicidade Loducca |
| | BERNARDES+JACOBSEN | Residência EN |
| 2006 | BERNARDES+JACOBSEN | Agência de publicidade MPM |
| 2006 | NPC GRUPO ARQUITETURA | Gráfica VG |
| 2008 | ISAY WEINFELD | Livraria da Vila do Shopping Cidade Jardim |

# FALTAM-NOS ASAS?

Este é um livro de *portraits*. Mas não é um livro clássico de retratos fotográficos de rostos de pessoas: não há uma imagem sequer de alva ou rugosa têmpora alheia. Ao invés das caras, da expressão humana, as fotografias que integram este volume são de escadas e rampas. "Escadas e rampas?", poderá questionar o leitor. Mas é isso mesmo: são fotos de escadas e rampas. Focalizando-as, a fotógrafa Patricia Cardoso captura a expressão das construções e faz *portraits* de arquiteturas. Neste ponto, seu trabalho está mais próximo de Annie Leibovitz, Richard Avedon ou Bob Wolfenson do que de Sebastião Salgado. Isso porque Patricia não busca retratar a expressão anônima: ela fotografa pedaços de obras com pedigree, ou seja, aquelas que contam um pouco da história da arquitetura de São Paulo, sua cidade natal.

Arquiteta de formação, Patricia sabe bem que escadas (e rampas) são muito expressivas, quase como olhares ou sorrisos: no clássico *Dicionário da arquitetura brasileira*, de Eduardo Corona e Carlos Lemos, antes de serem definidas pela função de "proporcionar a circulação vertical entre dois ou mais pisos de diferentes níveis", a escada é apresentada como "elemento de composição arquitetônica". Ou seja, elas são como colunas, aberturas ou coberturas. Após o modernismo — a era dos elementos simplificados — a importância do desenho da circulação vertical foi potencializada. Se aberturas transformaram-se em vãos, coberturas em lajes planas e colunas em peças estruturais puras, a escada poderia ter expressão formal mais rica. Prova disso é a quantidade de escadas que ilustram capas das publicações da área. Para provar a tese, basta lembrar o mais célebre livro sobre arquitetura brasileira *Brazil Builds*, de 1943. Escultórica e faceira, a escada da capa foi desenhada por Attílio Corrêa Lima. Em caracol, com pilão central, ela interliga os dois pisos da estação de hidroaviões do Rio de Janeiro. Depois do exemplo, um meu testemunho: mensalmente, ao participar da escolha da foto da capa da revista que edito, procuro evitar o indefectível elemento. Mas nem sempre tenho sucesso: "uma escada de novo?", questiona o incrédulo diagramador quando não há outra opção.

Os motivos da invenção da escada são muitos: pode ter sido a defesa, a fé, a vista panorâmica, a visibilidade e o poder de estar no alto. Há ainda a razão da concentração em centros urbanos. Não importa. O fato é que, por diferentes vontades, há milênios existe o desejo de alcançar as alturas. Faltam-nos asas. Por isso criamos a escada, o mais elementar engenho humano destinado a nos levar para o alto (e depois, inevitavelmente, para baixo) usando nossa própria energia. Há cerca de 150 anos, inventamos também o elevador que permitiu, juntamente com a tecnologia do concreto armado e do aço, subir ainda mais. Mas as escadas não foram esquecidas: todo edifício de mais de dois pisos possui escadas, mesmo quando existem elevadores (na emergência, são elas que nos salvam).

Há uma série de regras para desenhar uma escada. Por exemplo: existe um número máximo de degraus entre os patamares. Também é regulado o tamanho do espelho (como é chamada a altura do degrau) e da pisada. Há uma fórmula para isso. Existe ainda a largura mínima e máxima sem corrimão, regras sobre inclinação, raios de curvaturas, tamanho de patamares, altura do corrimão, etc. Tudo descrito em livros e normas técnicas. Mesmo com tantos parâmetros, nenhum arquiteto que se preze perde a oportunidade de se expressar por meio de uma escada. Não podemos esquecer que a parte representa o todo: para o bem ou para o mal, a escada é um extrato da linguagem arquitetônica em que está inserida. Em outras palavras, ela identifica o tipo de arquitetura da mesma maneira que uma face identifica uma pessoa. Uma obra contida e racionalista, por exemplo, terá uma escada objetiva e clara; em outros casos, de expressões esculturais mais ardentes, as circulações verticais terão o mesmo tom formal. As escadas e rampas estão para os arquitetos assim como as cadeiras estão para o designer ou o soneto para os poetas. O que eu quero dizer é que todos querem deixar sua marca desenhando um célebre e original elemento de circulação vertical. Por isso, não é raro que as escadas e rampas representem o momento mais expressivo da arquitetura em que estão inseridos.

Podemos afirmar, com alguma certeza, que a mais antiga peça do gênero que existiu na cidade de São Paulo foi uma escada de mão: ela foi construída em madeira e cipó por um mameluco, ainda no século XVI, para auxiliar a execução das primeiras construções da cidade. Era uma escada de obras. Patricia não conheceu essa peça. Assim como muitas outras escadas — das muralhas que cercavam o núcleo histórico, ou as primeiras escadas fixas dos sobrados primitivos do final do século XVI, ou ainda das igrejas pioneiras —, ela foi consumida pela cidade autofágica. Também não restam resquícios das escadas que auxiliavam a subida ao girau das casas bandeiristas, onde se guardavam mantimentos. Patricia as procurou, mas nada encontrou. O tempo e o progresso engoliram tudo. Não sobrou nem vestígio: ninguém sabe como eram. Dentre o que não foi demolido, a mais antiga escada da cidade deve ficar no Mosteiro da Luz — obra de Frei Galvão, desenhada em 1774. Patricia tentou fotografá-la. A reclusão das religiosas não permitiu. Na cidade de 450 anos, restou-lhe, apenas, o último século. Mesmo assim as imagens contam, em fragmentos, um pouco da história da arquitetura local. Certamente é o período mais rico da urbe. O trabalho alinhava obras neoclássicas, ecléticas, neocoloniais, Art Nouveau, Art Déco, modernas e contemporâneas de diversas cepas.

Patricia subiu e desceu os degraus atrás dos melhores ângulos. A escada mais antiga que encontrou foi a do Museu do Ipiranga (desenhada em 1883), concebida por Tommaso Gaudenzio Bezzi. Engenheiro-arquiteto, nascido e formado em Turim, Bezzi lutou nas campanhas de Garibaldi na Itália. Foi oficial de cavalaria e batalhou contra os alemães. Mudou-se para o Rio de Janeiro em 1875 e entrou para a roda do imperador ao se casar como uma integrante de família nobre. "Há quem se lembre tê-lo visto passear de braço dado com D. Pedro II na rua da Imperatriz", relatam Anita Salmoni e Emma Debenedetti, no livro *Arquitetura Italiana em São Paulo*. O prédio do Ipiranga, implantado próximo ao local do grito de D. Pedro I, foi construído para enaltecer a independência do país. Por esse motivo, o edifício é grandiloquente. Seu projeto, de cunho neoclássico, teve como objetivo deixar para trás a simplicidade das construções do período colonial. Patricia registrou duas escadas do museu: uma secundária, de madeira, com graciosa planta ovalada, e a escadaria do saguão principal, que, simétrica, domina o espaço interno do museu. Seu piso e balaustrada de mármore branco contrastam com um famoso símbolo do cerimonial — o tapete vermelho. O artefato nobre, com cores diferentes, aparece em outras fotos do livro: no Teatro Municipal (1903), obra de Cláudio e Domiziano Rossi — integrantes do escritório Ramos de Azevedo, também em meio aos solenes mármores, balaustres e peças de bronze, o tapete é verde. Há ainda um exemplar forrado com tapete azul: Oscar Niemeyer, célebre autor de escadas e rampas, reinterpretou o uso do tapete vermelho na escada do *foyer* do teatro do Memorial da América Latina (1989). Ela é helicoidal com bomba interna, ou seja, com uma viga curva na face interna que a estrutura. Com a simplicidade desconcertante que marca o detalhamento de seus projetos mais recentes, a escada e a face interna da viga de concreto são revestidas com carpete azul. A escultórica escada reflete as intenções do arquiteto carioca. Ao vê-la na imagem, duplicada por uma parede espelhada, dá para imaginar Niemeyer criando-a em croqui, com caneta Pilot preta: um gesto solto no ar. Ou ainda, com imaginação mais solta, dá para observá-lo, baixinho, no dia da inauguração do espaço, descendo a escada monumental com sapatos de salto. Patricia captou ainda outra interpretação interessante em relação ao tapete vermelho: na escada-rampa que Lina Bo Bardi desenhou para o subsolo do Museu de Arte de São Paulo — o MASP (1957), o guarda-corpo vermelho brilhante reflete o piso cinza, que fica avermelhado no reflexo; dessa forma, dando a impressão de que o piso é um tapete cinza e a extensão ilusória do degrau é vermelha. Ou seja, um tapete vermelho às avessas. Será que Lina pensou nisso?

Patricia fotografou outra peça criada por Lina Bo Bardi. Trata-se da escada de acesso à Casa de Vidro (1951), residência da arquiteta no Morumbi. O elemento, de estrutura e guarda-corpo de aço e degraus de pedra, reflete o racionalismo italiano que estava impregnado na projetista recém-chegada aos trópicos: é a primeira escada, dentre uma célebre galeria, que a arquiteta criou no decorrer de sua vida. Vendo a imagem, os aficionados em arquitetura logo se lembrarão da foto que Peter Scheier fez da silhueta da escada, com Lina, jovem, postada no patamar. Via-se o horizonte que a mata fechou. Na época daquele retrato, a arquiteta editava uma revista de arquitetura chamada *Habitat*. No primeiro número que publicou ela escreveu uma matéria sobre Vilanova Artigas onde afirmou que "cada casa de Artigas quebra todos os espelhos do salão burguês". A frase é simbólica, pois Lina levantava a bandeira da modernidade, gozando a pompa e o provincianismo dos quatrocentões de São Paulo. Uma das casas que aparece na matéria de *Habitat* é a residência Artigas (1949), no Campo Belo, morada do arquiteto. A escada da casa, que liga o estar ao estúdio, é uma espécie de túnel de vidro. Se esta proposta de Artigas ainda estava influenciada por Le Corbusier — vendo a escada não dá para não lembrar da que foi proposta pelo mestre franco-suíço para o Ministério da Educação e Saúde, no Rio de Janeiro, em terreno à beira-mar (não construído) —, sua obra posterior, madura, buscou criar identidade própria. Em seu célebre texto *Os caminhos da arquitetura moderna*, Artigas reinterpreta Friedrich Nietzsche e usa Apolo e Dionísio como parâmetros de comparação entre seus dois mestres, Le Corbusier e Frank Lloyd Wright, com o intuito de romper artisticamente com eles. Com suas afirmações, Artigas se tornou o pai de uma corrente arquitetônica brutalista local, chamada de *Escola paulista*. Entre os diversos parâmetros que qualificam tal corrente está o espaço contínuo e uma arquitetura horizontalizada. Por isso, quando foi possível, ele deu preferência ao uso de rampa, tais como as da sua obra mais importante, que é a Faculdade de Arquitetura e Urbanismo da USP (1962). Até hoje, o discurso de Artigas seduz arquitetos paulistas de diversas gerações. Exemplo disto são as outras três rampas registradas nas fotos de Patricia: a interessante solução do Centro Cultural São Paulo (1975), de Eurico Prado Lopes e Luiz Telles; a rampa que circula na torre do Fórum Trabalhista (1992), de Décio Tozzi e Karla Albuquerque; e a rampa externa que interliga duas praças do Centro Cultural Maria Antonia (2002), do Una Arquitetos.

Podem ainda ser incluídos no rol dos discípulos de Artigas arquitetos como Ruy Ohtake, João Walter Toscano ou Marcos Acayaba. Contudo, cada qual desenvolveu uma linha própria. Ohtake possui uma obra marcada por curvas e cores, tal como demonstram as fotos da escada do Instituto Tomie Ohtake (1995). O aço é o mote de Toscano, que desenvolve projetos com este tipo de estrutura. Em sua obra-prima, a Estação Largo 13 de Maio (1985) atualmente Estação Santo Amaro, Patricia registrou a transparência da escada de bordo criada por ele, com dois banzos laterais e degraus em balanço. Já Acayaba possui uma obra tectônica, utilizando-se diversos tipos de sistemas construtivos. Contudo, a madeira é o que mais o projetou. Na Vila Butantã (1988), um conjunto residencial do Morro do Querosene, para escada que leva ao último piso, Acayaba utilizou o modelo inventado em 1918 por Santos Dumont para a sua casa A Encantada, em Petrópolis. Porém o mais reconhecido discípulo de Artigas é Paulo Mendes da Rocha, que ganhou o Pritzker, o mais importante prêmio de arquitetura do mundo, em 2006. Patricia fotografou uma escada genial do arquiteto — outro autor de interessantes desenhos do gênero. Trata-se da escada da Loja Forma (1987): única peça presente no pilotis, ela é móvel e pode ser fechada. Assim, ela é também a porta da loja. Mendes da Rocha possui uma plêiade de seguidores, que utilizam o repertório de elementos elaborados pelo mestre. Podemos comparar, por exemplo, o desenho do guarda-corpo da Forma com o da Residência na City Boaçava (2004), do escritório MMBB Arquitetos. "Não parece um inseto?", me disse Patricia ao mostrar as imagens.

Mas o moderno em São Paulo não começou com Artigas. O pioneiro foi Gregori Warchavchik que construiu para seu uso a Casa Modernista (1927), da Rua Santa Cruz, na Vila Mariana. A escada futurista da residência possui degrau finlandês — ou seja, com espelhos inclinados. O piso, espelho e rodapé são de imbuia. O destaque fica para a curva do corrimão de aço escovado. Outro pioneiro foi Flávio de Carvalho, que desenhou um conjunto de casas na esquina da alameda Lorena com a rua Ministro Rocha Azevedo (1936). Patricia fotografou a escada da única casa que permanece original. Os revestimentos são em ladrilho hidráulico, com destaque para as peças desenhadas pelo próprio autor. Graças ao corrimão, ela se assemelha às escadas dos navios. Não é para menos: Le Corbusier, um dos papas do modernismo, fazia alusão aos equipamentos náuticos como exemplos perfeitos de peças industrializadas. Ele gostaria que as casas também fossem assim e por isso desenhava vários pormenores semelhantes às embarcações. Resquícios da arquitetura naval podem ser observados na Residência EN (2005), projeto de Bernardes+Jacobsen. E se, quase um século depois, a industrialização da construção civil tal como pregava Le Corbusier ainda não é uma realidade completa, ela acalentou sonhos diversos, tal como o de Eduardo Longo, que trabalha em prol de industrializar casas esféricas. A escada interna de seu protótipo a Casa Bola (1981) é alva e branca, de argamassa armada, o mesmo material de todo o resto da construção.

Aliás, as escadas de Le Corbusier até hoje fazem sucesso: a caracol da Villa Savoye (1928), por exemplo, é frequentemente utilizada por Isay Weinfeld. Na Residência no Sumaré (2003) ela possui pilão central e o guarda-corpo é vermelho; já na Livraria da Vila do Shopping Cidade Jardim (2008), o guarda-corpo é amarelo. A primeira vez que Weinfeld desenhou uma escada do gênero foi em parceria com Aurélio Martinez Flores na agência do Unibanco em Poços de Caldas. Outra escada caracol criada por arquitetos contemporâneos é a da agência MPM (2006), de Bernardes+Jacobsen: contudo, ao invés do guarda-corpo circular corbusiano, a dupla carioca protegeu o usuário com um ripado de madeira. Já a escada do edifício comercial da rua Santonina (1999), de Reinach-Mendonça, mescla a imagem naval com o caracol da Villa Savoye.

Voltando aos pioneiros da arquitetura moderna em São Paulo, os resquícios do desenho naval na arquitetura também podem ser observados na escada do Edifício Esther (1936) de Álvaro Vital Brasil e Adhemar Martinho. Trata-se do primeiro prédio de apartamentos moderno da cidade. A construção possui várias escadas, mas as duas principais estão localizadas nas extremidades do prédio. Inteiramente envidraçadas, elas formam um U, com degraus em leque. Mas o destaque é o guarda-corpo de ferro fundido, levemente ondulado. Outro pioneiro do modernismo na cidade foi Rino Levi. Na escada da escola Sedes Sapientiae (1940) podemos observar, no lugar dos caixilhos, elementos pré-moldados de concreto que o arquiteto utiliza para fixar o vidro. A economia deve-se ao período em que o prédio foi construído, durante a Segunda Guerra Mundial, quando as importações de materiais de construção foram restritas. Em outra época (e por outros motivos), os elementos de pré-moldados — desta vez, cerâmicos — também filtram a luz na escada da Gráfica VG (2006), do NPC Grupo Arquitetura, localizada na Vila Madalena. Mas a proposta de Rino Levi, além de refletir a higienização de um lugar ensolarado para o ensino, ajudava a virar uma página da história das escadas: adeus aos vitrais que iluminavam as caixas de escadas de outrora! Agora, a luz pode vir de qualquer lugar: no Pavilhão 7, antigo presídio do Carandiru, atual Parque da Juventude (1999), assinado por Aflalo & Gasperini, por exemplo, o ambiente é inundado com a claridade do dia com o auxílio de uma cobertura transparente. A escada, diferente no outro pavilhão projetado pela equipe, brinca de conectar os andares em diagonal. Já na Residência da Vila Madalena (2002), da Nave Arquitetura, a luz entra por um grande pano de vidro lateral. A cor do vitral saiu do vidro e foi para a parede: ela está presente no painel geométrico criado (e executado) pelos arquitetos.

Patricia encontrou algumas destas caixas de escada antigas iluminadas por vitrais. E são significativas. A primeira delas é na Faculdade de Direito do Largo São Francisco (1932). Parte do vitral reproduz o quadro *Independência ou Morte*, de Pedro Américo. A escada foi desenhada por Ricardo Severo, cuja memória vem sendo progressivamente recuperada por historiadores. Ele é uma figura importante para a cultura brasileira: foi um dos primeiros a levantar a bandeira do nacionalismo artístico e influenciou, em menor ou maior grau, personagens como Monteiro Lobato, Mário de Andrade e Lucio Costa. Casado com a filha do maior produtor de café do país, ele era cunhado de Santos Dumont e sócio do arquiteto Ramos de Azevedo. Severo era erudito e simpático, com estampa marcada por cavanhaque volumoso. Mais teórico do que criador, foi precursor da arquitetura neocolonial no Brasil, movimento que defendia a incorporação de elementos ibéricos nos prédios contemporâneos como forma de defender a cultura local e rechaçar o ecletismo globalizante. Contudo, para os historiadores, ele cometeu um crime: para construir a faculdade do largo São Francisco em estilo neocolonial, ele demoliu um monumento colonial autêntico.

A outra escada iluminada por vitral fica na Estação Júlio Prestes (1925). O elemento, com sotaque afrancesado, possui guarda-corpo de ferro fundido, corrimão de madeira e degraus de mármore. Ele foi desenhado por Christiano Stockler das Neves, que foi prefeito da cidade. Defensor da arquitetura clássica, ele foi um dos mais ferrenhos opositores do movimento moderno na cidade. Como diretor da faculdade de arquitetura do Mackenzie, ainda nos anos de 1950, não permitia que os alunos fizessem trabalhos modernos e cancelou as assinaturas das revistas tidas como "progressistas". Por baixo de sua barba, e talvez incentivados pelo alto nível de seu debate e saber, nasceu a geração de ouro do modernismo de São Paulo — composta, entre muitos outros, por Carlos Milan, Roberto Aflalo, Paulo Mendes da Rocha e Pedro Paulo de Melo Saraiva.

Outro opositor do modernismo foi Hyppolyto Gustavo Pujol Jr. Patricia fotografou uma escada dentro de um dos prédios mais conhecidos que ele criou: a sede paulista do Banco do Brasil (1925). Contudo, ligando o térreo ao subsolo, a escada escolhida é uma escada nova — curva e com guarda-corpo metálico — criada por Luiz Telles, que transformou o prédio no Centro Cultural do Banco do Brasil (1999). Mas a oposição de Pujol ao modernismo floresceu bem mais tarde do que o projeto do banco, em 1945, quando ele participou do concurso para o Hospital São Joaquim, da Beneficência Portuguesa. Para Pujol, os pilotis, um dos tópicos do modernismo corbusiano, serviam para "pastinhos ou abrigo de gado". Ele preferia a arquitetura advinda de escolas clássicas, francesas e italianas. Na época do concurso do hospital, ele praticava o estilo Art Déco, transformando os ornamentos clássicos em geométricos. Patricia fotografou a escada de outro banco, Caixa Econômica Federal (1935), em estilo Art Déco. Criada pela firma Albuquerque & Longo, a escadaria possui a simetria cara aos estilos clássicos. Em outra escada do prédio, ao invés de vitral, a escadaria é iluminada por uma clarabóia cuja luz entra pelo vazio que circunda todos os andares, também chamado de bomba. Com ou sem vitral, a entrada de luz natural sempre foi um imperativo para os projetos de escadas. Sem esse problema, a única escada ao ar livre fotografada por Patricia fica no Jardim Botânico (1938). Ela saiu da prancheta de Bruno Simões Magro — engenheiro-arquiteto que se especializou em desenhar obras religiosas, entre elas a Igreja Nossa Senhora do Brasil, na avenida Brasil (uma curiosidade: a obra contou com a colaboração do jovem Paulo Mendes da Rocha, que trabalhou com Magro). No Jardim Botânico, Patricia captou uma escada no jardim, apoiada diretamente em um talude de mesma inclinação. Ela tem espelhos e pisos de granito bruto, tais como paralelepípedos, e uma marcação vertical em cada um dos lados. Com desenho clássico, estes dois elementos formam uma espécie de portal que parece saído diretamente do *Vignólia*, o livro usado na época como referência para as proporções clássicas. Durante o período do ecletismo, havia uma liberdade de composição destes elementos, tal como ocorreu no maneirismo. Era um vale tudo que dependia da capacidade de criação e equilíbrio de cada autor. A Casa das Rosas (1928), por exemplo, localizada na avenida Paulista, é uma obra eclética. Desenhadas para uma das filhas de Ramos de Azevedo, Patricia escolheu uma escada interna, austera. A obra, uma das únicas casas que restaram do período residencial da avenida Paulista, perde importância quando lembramos que ela é contemporânea da casa modernista de Warchavchik. Mas o ecletismo teve muitas faces, muitas vezes com desequilíbrio, o que gerou má vontade dos críticos com relação a ele. O Castelinho (1907) da avenida Brigadeiro Luís Antônio é um destes exemplos. Desenhado por Giuseppe Sachetti, ele possui uma escada interessante, que parece escondida dentro de um armário. Quem será que subia escondido ali? A liberdade do ecletismo parece que está de volta. Vivemos hoje um período onde vale tudo, com misturas de arquitetura moderna de muitas linguagens. Alguns autores, sabendo usar o vocabulário contemporâneo, criam peças interessantes, tais como a escada da loja da rua Gabriel Monteiro da Silva (1999) de Arthur Casas, ou a que o escritório Triptyque desenhou para a Agência Loducca (2005). A de Casas, construída em madeira, parece uma escada-ponte, com cada degrau com um pilar; a do Tryptique, por sua vez, toda em concreto, possui degraus vazados e banzos que se transformam em guarda-corpos. Mas voltando ao período pré-moderno, Patricia fotografou ainda a Escola de Comércio Álvares Penteado (1905), uma escola no centro da cidade, hoje administrada pela FECAP. A obra foi desenhada por um sueco radicado na cidade, Carlos Ekman. A escada tem guarda-corpo de ferro fundido e patamares de ladrilho hidráulico. Nos dois elementos predomina um estilo floral que consagrou Ekman. Sua principal obra é a Vila Penteado (1902), construída para os mesmos clientes. Trata-se do melhor exemplo de Art Nouveau que restou em São Paulo. A casa, de dimensões palacianas, foi construída pelo conde Antônio Álvares Penteado, dono de uma das maiores fortunas da época, fruto de fazendas de café e indústria. Na verdade eram duas casas integradas: de um lado, morava o conde e sua mulher; do outro, sua filha casada. A escada de madeira que conecta o térreo à ala íntima do conde ocupa lugar de destaque no saguão central: seu desenho possui um extraordinário zig-zag em três lances, com ângulos retos entre si. Não é Viena, e sim São Paulo. Se o homem não tem asas, parece que os arquitetos as têm. A família doou o imóvel para a Universidade de São Paulo a fim de que fosse a sede do curso de arquitetura, iniciado ali em 1948. Hoje a casa abriga o curso de pós-graduação da escola. Por isso também é chamada de FAU Velha ou FAU Maranhão, em alusão à rua em que está situada. Tamanho foi o simbolismo que o prédio exerceu entre professores e alunos que ali conviveram que o grande saguão, seu piso e a fonte do jardim são alguns dentre os vários elementos que Artigas citou ao idealizar sua obra-prima na Cidade Universitária. Em uma das fotos de Patricia, a escada em zig-zag aparece refletida no espelho sobre a lareira. Veja só: parece que sobraram alguns espelhos da casa burguesa que a arquitetura de Artigas não quebrou.

*Fernando Serapião (1971) é arquiteto graduado pela Universidade Mackenzie (1996) e mestre na área pela mesma instituição (2006). É editor da revista* Projeto Design *e possui artigos publicados em diversos periódicos do gênero, como* Domus China, Arquitectura Viva *(Espanha) e* Arquitectura Iberica *(Portugal). É colaborador da revista* piauí. *Tem cinco obras publicadas, entre as quais* São Paulo: guia de arquitetura contemporânea *(Editora Viana & Mosley, 2005).*

# AGRADECIMENTOS

Ao meu marido, Roberto P. S. Samora, certa de que milhares de palavras não seriam suficientes para agradecer seu amor, apoio e incentivo.

Aos editores, minha eterna gratidão por terem acreditado neste livro e se mobilizado tanto para me ajudar a realizá-lo.

Ao Fernando Serapião, pela participação e pelo aprendizado nos nossos almoços, quando nos reuníamos para falar do livro.

À Simonetta Persichetti, pelo lindo texto.

À Patrícia de Carvalho, que colaborou no começo da pesquisa deste projeto.

Ao Cláudio Edinger, este livro não seria possível sem seus ensinamentos.

À Andi Rubinstein, pela amizade e carinho em todos os momentos.

Ao Flávio Bitelman, pela ajuda desde o começo da minha vida de fotógrafa.

Ao Henrique Reinach e Maurício Mendonça, excelentes arquitetos com quem tive o privilégio de conviver e aprender lições para toda a vida.

Ao Marcos Piffer, pela generosidade dos conselhos que sempre me foram úteis.

A Mônica Junqueira de Camargo, José Armando Pereira da Silva, Evelyn Müller, Marina Corradin e Rodrigo Ohtake, que me ajudaram com sugestões e indicações.

Ao Secretário da Cultura da Cidade de São Paulo, Carlos Augusto Calil, que me abriu portas.

Agradeço também a todos os responsáveis pelas autorizações dos ensaios fotográficos: Aline Ribenboim, do Sesc Pompéia; Aluízio Gibson e Assuero, do Metrô; Ana Cristina de Carvalho, curadora do Acervo dos Palácios; Ana Elisa Aguiar, do Bernardes+Jacobsen Arquitetura; Annete Morhy, do MASP; Beatriz Franco do Amaral, diretora do Teatro Municipal; Cristiana Abud da Silva Fusco, vice Diretora Geral da PUC – Centro de Exatas e Tecnologia; Daniela Dionizio, do Sítio Morrinhos; Eduardo Longo, da Casa Bola; Elizabeth Pascowitch, da agência MPM; Elza Estelles, da Loja Vermeil; Ernandes Evaristo Lopes, José Rosael da Silva e Hélio Nobre, do Museu Paulista; Estela Vilela, da VG; Fernando de Mello Franco, do MMBB; Hebe de Carvalho, filha do arquiteto Bruno Simões Magro; Henrique Siqueira e Inês Raphaelian, da Casa Modernista; Kelen Bighetti, do Studio Arthur de Mattos Casas; Malu Villas Bôas e Daisy Almeida, do Instituto Lina Bo e Pietro M. Bardi; Márcia Loduca, da ETEC – Parque da Juventude; Maria Augusta Alves Ferreira Veras, da Caixa Cultural; Maria Eugênia Humberg, da Agência Loducca; Mariana Colossi, do Isay Weinfeld Arquitetura; Martin Grossmann, diretor do Centro Cultural São Paulo; Padre José Antônio Pires de Almeida; Paulo Grazelli, do Jardim Botânico; Paulo Sérgio Millan, do Grupo Mofarrej; Rafael Seibel, da Livraria da Vila; Roberto Novelli Fialho, da Nave Arquitetos; Rosana Simões Pires Schmidt, da Loja Forma; Sircarlos Parra Cruz, do Memorial da América Latina; Sylvio Barros Sawaia, diretor da Faculdade de Arquitetura e Urbanismo da USP; Tatiana Fraga e Fernanda César, da Casa das Rosas; Thais Szogyenyi Felix, da FECAP; Tuca Capelossi, do IAC Maria Antonia; Veralice Cesar de Faria, da Faculdade de Direito São Francisco da USP; Vitória Arruda e Stela Barbieri, do Instituto Tomie Ohtake, e Wilma Artigas.

dedico esta obra a
meus pais, pelo exemplo e apoio,
meu irmão, pela cumplicidade,
meu grande amor, Beto, por tudo.

Copyright © Patricia Cardoso, 2009.

*Projeto gráfico e fotografias* Patricia Cardoso
*Revisão* Estação Liberdade
*Editores* Angel Bojadsen e Edilberto Verza

CIP-BRASIL. CATALOGAÇÃO-NA-FONTE
SINDICATO NACIONAL DOS EDITORES DE LIVROS, RJ

C26a
Cardoso, Patricia, 1972-
    Arquitetura pelas escadas / Patricia Cardoso ; prefácio Fernando Serapião. - São Paulo : Estação Liberdade, 2009.
    il.

    ISBN 978-85-7448-171-5

    1. Escadas e escadarias - São Paulo (SP) - Obras ilustradas. 2. Arquitetura - São Paulo (SP). 3. São Paulo - Obras ilustradas. I. Título.

09-5071.
                      CDD: 721.832098161
                      CDU: 725.2 (816.1)


ESSE PROJETO FOI REALIZADO COM O APOIO DA SECRETARIA DE ESTADO DA CULTURA DE SÃO PAULO – PROGRAMA DE AÇÃO CULTURAL – 2008


*Todos os direitos reservados à*
Editora Estação Liberdade Ltda.
Rua Dona Elisa, 116 | 01155-030 | São Paulo-SP
Tel.: (11) 3661 2881 | Fax: (11) 3825 4239
www.estacaoliberdade.com.br

ESTE LIVRO FOI IMPRESSO SOBRE
PAPEL COUCHÉ 150 g/m² NAS
OFICINAS DA NEOBAND GRÁFICA,
SÃO BERNARDO DO CAMPO - SP,
EM DEZEMBRO DE 2009